DOCUMENTOS HISTÓRICOS SOBRE LOS LÍMITES ENTRE HONDURAS Y NICARAGUA

ERANDIQUE
COLECCIÓN

DOCUMENTOS HISTÓRICOS SOBRE LOS LÍMITES ENTRE HONDURAS Y NICARAGUA
Archivos Oficiales

©Colección Erandique
Supervisión Editorial: Óscar Flores López
Diseño de portada: Andrea Rodríguez
Administración: Tesla Rodas—Jessica Cordero
Director Ejecutivo: José Azcona Bocock
Primera Edición
Tegucigalpa, Honduras—Diciembre de 2024

RECLAMOS, AMENAZA Y DIPLOMACIA

Decía el recordado jurista Pedro Pineda Madrid que es necesario que todos en Honduras sepamos las obligaciones que nos impone nuestra propia geografía.

"Ignorarlas —sostenía Pineda Madrid—, equivale a no saber qué es y cómo es nuestro país; a lo que está obligado con otras naciones y lo que puede esperarse de ellas".

¡Cuánta razón tenía quien fue presidente de la Comisión de Soberanía y Fronteras y coagente en la disputa limítrofe entre Honduras y El Salvador, que concluyó con el fallo de la Corte Internacional de Justicia en 1992!

Las tensiones por asuntos de delimitación fronteriza están lejos de concluir en Centro América, porque es un tema que despierta pasiones y es utilizado, de cuando en cuando, por algún presidente de la región como estrategia para levantar su popularidad... o distraer la atención de los verdaderos problemas que aquejan a los nuestros pueblos: salud, educación, corrupción, pobreza, alto costo de la vida, entre otros.

En esta edición encontramos documentos que van desde el reclamo diplomático, a las amenazas veladas entre Honduras y Nicaragua, así como los esfuerzos, algunos genuinos, otros más como táctica dilatoria, para definir de una vez por todas las fronteras.

Es interesante el cruce de correspondencia entre autoridades de un gobierno y el otro para quejarse por lo que se consideraba un irrespeto a los derechos territoriales.

De allí de la importancia de, más que leerlo, estudiarlo. Y analizarlo a profundidad.

También encontramos documentos valiosos como el decreto que crea el departamento de La Mosquitia (posteriormente Gracias a Dios), en el gobierno de José María Medina, "Medinón".

Óscar Flores López
Editor Colección Erandique

CAPÍTULO I
CONVENCIÓN SOBRE
DEMARCACIÓN DE LÍMITES
TERRITORIALES ENTRE
HONDURAS Y NICARAGUA
CELEBRADA EL 7 DE OCTUBRE DE 1894

CONVENCIÓN
sobre demarcación de límites entre Honduras y Nicaragua

———

DECRETO NÚMERO 32

———

La Asamblea Nacional Constituyente

DECRETA:

Artículo único. – Apruébese la convención celebrada por los Gobiernos de esta República y Nicaragua, para la demarcación del límites entre ambos países, cuyo contexto es el siguiente:

Los Gobiernos de las Repúblicas de Honduras y Nicaragua, deseosos de terminar de una manera amigable sus diferencias acerca de la demarcación de límites divisorios que hasta hoy no ha podido verificarse, y deseosos también de que tan enojoso asunto se resuelva a satisfacción de ambos, con toda cordialidad y con la deferencia que corresponde a pueblos hermanos, vecinos y aliados, han creído conveniente celebrar un Tratado que llene esas aspiraciones; y al efecto, han nombrado a sus respectivos plenipotenciarios: el señor presidente de la República de Honduras al señor doctor don César Bonilla, su secretario de Estado en el

Despacho de Relaciones Exteriores; y el señor presidente de la República de Nicaragua, al señor don José Dolores Gámez, su enviado extraordinario y ministro plenipotenciario ante las Repúblicas de Centroamérica, quienes habiendo examinado y encontrado bastantes sus respectivos plenos poderes, han convenido en los artículos siguientes:

ARTÍCULO I

Los Gobiernos de Honduras y Nicaragua nombrarán comisionados que, con la autorización correspondiente, organicen una Comisión Mixta de Límites, encargada de resolver de una manera amigable, todas las dudas y diferencias pendientes, y de demarcar sobre el terreno la línea divisoria que señale el límite fronterizo de ambas Repúblicas.

ARTÍCULO II

La Comisión Mixta, compuesta de igual número de miembros por ambas partes, se reunirá en una de las poblaciones fronterizas que ofrezca mayores comodidades para el estudio, y allí principiará sus trabajos, ateniéndose a las reglas siguientes:

1ª. Serán límites entre Honduras y Nicaragua, las líneas en que ambas Repúblicas estuviesen de acuerdo, o que ninguna de las dos diputare.

2ª. Serán también límites de Honduras y Nicaragua, las líneas demarcadas en documentos públicos no contradichos por documentos igualmente públicos de mayor fuerza.

3ª. Se entenderá que cada República es dueña del territorio que a la fecha de la independencia constituía, respectivamente, las provincias de Hondura y Nicaragua.

4ª. La Comisión Mixta para fijar los límites, atenderá al dominio del territorio plenamente probado, y no le reconocerá valor jurídico a la posesión de hecho que por una u otra parte se alegare.

5ª. En la falta de la prueba del dominio, se consultarán los mapas de ambas Repúblicas y los documentos geográficos o de cualquiera otra naturaleza, públicos o privados, que puedan dar alguna luz, y serán límites entre ambas Repúblicas los que con presencia de ese estudio fijare equitativamente la Comisión Mixta.

6ª. La misma Comisión Mixta, si lo creyere conveniente, podrá hacer compensaciones y aun fijar indemnizaciones para procurar establecer, en lo posible, límites naturales bien marcados.

7ª. Al hacer el estudio de los planos, mapas y demás documentos análogos que presenten ambos Gobiernos, la Comisión Mixta preferirá los que estime más racionales y justos.

8ª. En caso de que la Comisión Mixta no pudiese acordarse amigablemente en cualquier punto, lo consignará por separado en dos libros especiales, firmando una doble acta detallada, con cita de lo alegado por ambas partes, y continuará su estudio sobre los demás puntos de la línea de demarcación, con prescindencia del punto indicado, hasta fijar el término divisorio en el último extremo de la misma línea.

9ª. Los libros a que se refiere la cláusula anterior, serán enviados por la Comisión Mixta, uno a cada Gobierno de los interesados, para su custodia en los archivos nacionales.

ARTÍCULO III

El punto o los puntos de demarcación que la Comisión Mixta de que habla el presente Tratado, no hubiese resuelto, serán sometidos, a más tardar, un mes después de concluidas las sesiones de la misma Comisión, al fallo de un arbitramiento inapelable, que será compuesto de un representante de Honduras y otro de Nicaragua, y de un miembro del Cuerpo Diplomático extranjero acreditado en Guatemala, electo este último por los primeros, o sorteado en dos ternas propuestas una por cada parte.

ARTÍCULO IV

El arbitramento se organizará en la ciudad de Guatemala, en los veinte días siguientes a la disolución de la Comisión Mixta, y dentro de los diez días inmediatos principiará sus trabajos, consignándolos en un libro de actas, que llevará por duplicado, siendo ley el voto de la mayoría.

ARTÍCULO V

En el caso de que el Representante Diplomático extranjero se excusare, se repetirá la elección en otro, dentro de los diez días inmediatos, y así sucesivamente. Agotados los miembros del Cuerpo Diplomático extranjero, la elección podrá recaer, por convenio de las comisiones de Honduras y Nicaragua, en cualquier personaje público, extranjero o centroamericano; y si este convenio no fuera posible, se someterá el punto o los puntos controvertidos, a la decisión del Gobierno de España, y en defecto de este a la de cualquiera otro de Sudamérica, en que convengan las Cancillerías de ambos países.

ARTÍCULO VI

Los procedimientos y términos a que deberá sujetarse el arbitramento, serán los siguientes:

1°. Dentro de los veinte días siguientes a la fecha en que la aceptación del tercer árbitro fuere notificada a las partes, estas le presentarán, por medio de sus abogados, sus alegatos, planos, mapas y documentos.

2°. Si hubiere alegatos, dará traslado de ellos a los respectivos abogados contrarios, dentro de los ocho días siguientes a la presentación, concediéndoles diez días de término para rebatirlos y presentar los más documentos que creyeren del caso.

3°. El fallo arbitral será pronunciado dentro de los veinte días siguientes a la fecha en que se hubiere vencido el término para contestar alegatos, háyanse o no presentado estos.

ARTÍCULO VII

La decisión arbitral, votada por mayoría, cualquiera que sea, se tendrá como tratado perfecto, obligatorio y perpetuo entre las Altas Partes Contratantes, y no admitirá recurso alguno.

ARTÍCULO VIII

La presente Convención será sometida en Honduras y Nicaragua a las ratificaciones constitucionales, y el canje de estas se verificará en Tegucigalpa o en Managua, dentro de los sesenta días siguientes a la fecha en que ambos Gobiernos hubieren cumplido con lo estipulado en este artículo.

ARTÍCULO IX

Lo dispuesto en el artículo anterior, no obsta en manera alguna para la organización inmediata de la Comisión Mixta, que deberá principiar sus estudios, a más tardar, dos meses después de la última ratificación de conformidad con lo que se ha dispuesto en la presente Convención, sin perjuicio de hacerlo antes de las ratificaciones, si estas se tardasen, para aprovechar la estación seca o del verano.

ARTÍCULO X

Inmediatamente después del canje de esta Convención, háyanse o no principiado los trabajos de la Comisión Mixta, serán nombrados por los Gobiernos de Honduras y Nicaragua, los representantes que en conformidad del artículo IV, deben formar el arbitramento, para que, organizándose en junta preparatoria, nombren el tercer árbitro y lo comuniquen a los secretarios de Relaciones respectivos, a fin de recabar la aceptación del nombrado. Si este se excusase, se procederá enseguida al nombramiento de un nuevo tercer árbitro en la forma estipulada, y así sucesivamente hasta quedar organizado el arbitramento.

ARTÍCULO XI

Los plazos señalados en el presente Tratado para nombramiento de árbitros, principio de estudios, ratificaciones y canje, lo mismo que cualesquiera a otros términos en él fijados, no serán fatales ni producirán nulidad de ninguna especie. Su objeto ha sido dar precisión al trabajo; pero si por cualquiera causa no pudieran atenderse, es la voluntad de las Altas Partes Contratantes que la negociación se lleve adelante hasta terminarla en la forma aquí estipulada, que es la que creen más conveniente. A este fin, convienen en que este Tratado tenga la duración de diez años, caso de interrumpirse su ejecución, en cuyo término no podrá reverse ni modificarse en ninguna manera, ni podrá tampoco dirimirse la cuestión de límites por otro medio.

En fe de lo cual, los plenipotenciarios de las Repúblicas de Honduras y Nicaragua firman, en dos ejemplares que autorizan con sus respetivos sellos, en la ciudad de Tegucigalpa, a los siete días del mes de octubre de mil ochocientos noventa y cuatro, año septuagésimo cuarto de la Independencia de Centroamérica.

(L. S.) CÉSAR BONILLA   (L. S.) JOSÉ D. GÁMEZ

Dado en Tegucigalpa, en el Salón de Sesiones, a los diez y nueve días del mes de abril de mil ochocientos noventa y cinco.

P. H. BONILLA,
Presidente

GREGORIO REYES,   CARLOS TORRES,
Secretario   Secretario

Al Poder Ejecutivo.

Por tanto: Ejecútese.

Tegucigalpa: 22 de abril de 1895.

P. BONILLA.

El ministro de Relaciones Exteriores, César Bonilla.

CAPÍTULO II
CONVENCIONES SOBRE LÍMITES ENTRE HONDURAS Y NICARAGUA
CELEBRADAS EN JULIO DE 1869
Y SEPTIEMBRE DE 1870

(NO FUERON APROBADAS NI RATIFICADAS).

CONVENIO
preliminar entre Honduras y Nicaragua sobre límites

———

Los infrascritos licenciados Don Francisco Medina y don Fermín Ferrer, el primero comisionado especial del Supremo Gobierno de Honduras, asociado con el ingeniero don Andrés Severán; y el segundo revestido del mismo carácter de comisionado ingeniero por parte de Nicaragua, constituidos en este pueblo de San Marcos de Colón para practicar la demarcación de los límites territoriales entre ambas Repúblicas; teniendo a la vista los informes y documentos que se refieren a los puntos de la línea antigua actualmente cuestionables; y después de practicadas algunas exploraciones por ambas partes en cuanto lo han permitido las constantes lluvias de la estación presente; han deliberado de común acuerdo, que no siendo ahora el tiempo oportuno para verificar una exploración prolija y exacta en toda la extensión de la línea limítrofe entre las dos Repúblicas con el conocimiento topográfico de los pueblos y localidades inmediatas por donde debe designarse para levantar un mapa que abrace todos los límites como se propone por parte de la comisión de Honduras; se hace preciso diferir estas exploraciones para otro tiempo que dé lugar a practicarlas; en cuyo concepto han convenido reunirse en la ciudad de Choluteca el día primero de febrero del año próximo de mil ochocientos setenta, dando principio a los trabajos desde la extremidad occidental de la línea en la parte litoral del Golfo de Fonseca.

Y por cuanto los infrascritos comisionados desean poner más expedito el cumplimiento de su encargo; con vista de los exámenes practicados y de los documentos conducentes han convenido en someter a la resolución de sus respectivos Gobiernos los puntos preliminares que se expresan en los artículos siguientes:

1°. – Habiendo sido siempre reconocida como extremidad occidental de la línea divisoria, la desembocadura del río Negro y habiendo este cambiado su desagüe desde la erupción del volcán de Cosigüina, sucesivamente por tres cauces diferentes, para ponerse en comunicación con el estero real por medio de Los Perejiles, y comenzando esta divergencia de causes del punto llamado El Amatillo, se conviene en situar en este punto un mojón de piedra, del cual trazada una línea recta al Oeste hasta tocar con el Golfo de Fonseca, será la extremidad occidental de la línea divisoria entre Honduras y Nicaragua.

2°. – Para la continuación de esta línea se establece la misma antiguamente reconocida sin contradicción desde el dicho punto Amatillo aguas arriba sobre el río Negro hasta la confluencia con el río Guasaule; y continuando este río aguas arriba hasta la desembocadura de la quebrada Torondano.

3°. – Siendo la quebrada Torondano la continuación de la línea limítrofe pretendida por Honduras desde su desembocadura con el Guasaule, aguas arriba, hasta su origen en el cerro llamado Variados, extremidad oriental de una cresta de montaña conocida con el nombre de Botija; y por otra parte, siendo pretendida por Nicaragua como línea divisora la continuación del mismo Guasaule hasta su cabecera e la falda del cerro "Friolío", extremidad Oeste de la referida cresta de la Botija, y sobre ella hasta el variador; las dos comisiones se reservan examinar los títulos de tierras ubicadas en el triángulo que forman las tres líneas referidas, para averiguar la jurisdicción a que pertenezcan.

4°. – Del cerro del Variador en la misma dirección de Occidente a Oriente de la cordillera de la Botija, continúa la línea tocando el cerro de San Sebastián y el de Caguasca para dejar a la izquierda en la parte del Norte en Honduras las tierras de Duyusupo y a la de derecha en la parte del Sur, la mayor parte de las tierras de San Sebastián, y además el Carrizal y Oruse, corriendo dicha línea sobre la parte superior de una cresta de montaña; bien entendido que respecto al Carrizal debe presentarse el título que acredite que este sitio es de la jurisdicción de Nicaragua.

5°. – Del cerro de la Caguasca en dirección Norte recostándose un poco al Oeste, y tomando con el mismo rumbo la cordillera de San Marcos en su parte más elevada, se toca con el portillo de la Palma, y pasándose el río de San Marcos en la misma dirección referida para el cerro del Oyoto, se dejaron en esta línea al lado del Oeste las tierras de Duyusupo, y las del sitio de Colón, ambas en jurisdicción de Honduras; y al Este las tierras de Oruse, San Antonio del Despoblado, San Francisco de los Apantes y las del Potrero, todas en jurisdicción de Nicaragua; a reserva de presentarse los títulos de Oruse y del Potrero con los cuales debe ser justificado que estos sitios pertenecen a la jurisdicción de Nicaragua.

6°. – Sin perjuicio de las exploraciones y amojonamientos que deben tener lugar sobre la continuación de esta línea que se dirige encima de la cordillera del Oyoto, partiendo del cerro de este nombre hasta donde da principio la cordillera de Dipilto; habiendo en este trayecto varios puntos cuestionables, es convenido que sean resueltos en su oportunidad con vista de los títulos de tierras que aparezcan en aquellos lugares.

7°. – Ambos comisionados fijan su atención sobre si el río del Coco hasta su desembocadura en el Atlántico, sean línea limítrofe entre las dos Repúblicas; y observando que Nicaragua ha estado en posesión exclusiva de este río y puerto de su nombre, la línea divisoria en esta extremidad oriental será paralela a dicho río sobre la cresta Norte de la montaña que forma uno de los bordes de su cuenca, siguiendo el mismo rumbo Este hasta tocar con el Atlántico.

8°. – Los comisionados darán cuenta a sus respectivos Gobiernos con las presentes bases preliminares consignadas en los artículos anteriores, para que ellos oportunamente resuelvan lo conveniente, mientras llega la época convenida para la continuación de los trabajos de esta demarcación. – En fe de lo cual y para los fines indicados, firman dos de un tenor en el pueblo de San Marcos de Colón, jurisdicción de Honduras, a los cuatro días del mes de julio de 1869.

(F.) F. MEDINA   (F.) F. FERRER
(F.) A. VAN SEVERAN

Es conforme con su original que se halla en el Archivo de mi cargo, de donde ha sido sacada fielmente esta copia, en Tegucigalpa, a dos de Noviembre de mil ochocientos noventa y nueve.
Archivo Nacional de Honduras. – Tegucigalpa.

G. Guardiola,
Director del Archivo Nacional.

COMISIÓN

Conferida a don Ramón Uriarte, para celebrar un arreglo sobre los límites entre Honduras y Nicaragua

———

Comayagua, junio 30 de 1870

Señor licenciado don Ramón Uriarte, nombrado comisionado cerca del Gobierno de Nicaragua.

Señor:

Satisfecho el Gobierno de Honduras de los buenos deseos que animan a Ud. en favor de este país, y confiando al mismo tiempo en sus aptitudes y honradez, en acuerdo de esta fecha se ha servido conferir a Ud. la importante comisión de arreglar con el Gobierno de Nicaragua la cuestión de límites jurisdiccionales que se halla pendiente entre ambas Repúblicas.

En consecuencia, por la presente queda Ud. ampliamente autorizado para celebrar un arreglo con el comisionado o comisionados que nombre el Gobierno de Nicaragua sobre los límites jurisdiccionales de ambas Repúblicas, conformándose a las instrucciones que por separado le comunico.

No dudando que Ud. sea deferente a prestar este importante servicio a la República, pongo en sus manos, apertorio, el adjunto despacho que dirijo al ministro de Relaciones Exteriores de Nicaragua participándole la comisión conferida a Ud. para que se proceda al arreglo en que está tan interesado aquel Gobierno como el de Honduras.

Y felicitando a Ud. de antemano por el bueno éxito de su comisión tengo el honor de suscribirme de Ud. atento servidor.

(F.) FRANCISCO ALVARADO.

Es conforme con su original, que se halla en el Archivo de mi cargo, de donde ha sido sacada fielmente esta copia, en Tegucigalpa, a dos de Nov. de mil ochocientos noventa y nueve.

Archivo Nacional de Honduras. – Tegucigalpa.

G. Guardiola,
Director del Archivo Nacional.

————

INSTRUCCIONES al señor licenciado don Ramón Uriarte, comisionado del Gobierno de Honduras, para el arreglo de límites territoriales con la República de Nicaragua.

————

1ª. – Este Gobierno acepta las bases propuestas por los comisionados de Honduras y Nicaragua señores licenciados don Francisco Medina y don Fermín Ferrer, en la conferencia de San Marcos de Colón el 4 de julio de 1869, sobre la línea que debe correr desde el Golfo de Fonseca en el mar Pacífico, hasta Dipilto; con cuyo objeto se le acompaña copia autorizada de dicha conferencia.

2ª. – De Dipilto se tomará a la afluencia del río de la Puerta con el de Segovia, llamado además, "Coco", Wanks, Oro, Yare, y río del Cabo, hasta el Cabo de Gracias a Dios en el mar Atlántico; quedando el mismo río por línea divisoria de ambas Repúblicas, como la más natural y permanente para evitar cuestiones en lo sucesivo.

3ª. – Bajo estas bases celebrará el comisionado un arreglo con el Gobierno de Nicaragua, sometiéndolo a la aprobación del de Honduras.

Dadas en Comayagua, a 30 de junio de 1870.

(F.) F. ALVARADO.

Es conforme con su original, que se halla en el Archivo de mi cargo, de donde ha sido sacada fielmente esta copia, en Tegucigalpa, a dos de Nov. de mil ochocientos noventa y nueve.

Archivo Nacional de Honduras. – Tegucigalpa.

G. Guardiola,
Director del Archivo Nacional

TRATADO

de los límites entre Honduras y Nicaragua

———

Los Gobiernos de las Repúblicas de Nicaragua y Honduras, convencidos de la necesidad que hay de establecer con claridad y fijeza los límites de ambas Repúblicas por la parte en que son limítrofes, han autorizado competentemente para celebrar un tratado que produzca tales efectos, a saber:

El Gobierno de Nicaragua al señor licenciado don Fermín Ferrer; y el Gobierno de Honduras al señor licenciado don Ramón Uriarte.

Quienes previo el canje y examen de sus plenos poderes, que hallaron bastantes y en debida forma, convinieron en las estipulaciones siguientes:

ARTÍCULO I

Habiendo sido siempre reconocida como extremidad occidental de la línea divisoria entre Nicaragua y Honduras, la desembocadura del río Negro, y habiendo este río cambiado su curso desde la erupción del volcán de Cosigüina en 1835, sucesivamente por tres causes distintos, para ponerse en comunicación con el estero Real por medio del estero de los Perejiles; y comenzando esta divergencia de causes del punto llamado Amatillo, el cual está situado en las márgenes de dicho río Negro sobre el paralelo 13° 3′ latitud Norte, y 87° 21′ longitud 0 de Greenwich; se reconoce como línea divisoria este paralelo desde el dicho punto Amatillo, en dirección Oeste hacia el Golfo de Fonseca.

ARTÍCULO II

Para la continuación de esta línea se establece la misma que ha sido antiguamente reconocida sin contradicción desde el referido punto Amatillo sobre el río Negro, aguas arriba, hasta su conferencia con el río Guasaule; y continuando sobre este río en dirección Nordeste hasta la desembocadura de la quebrada Torondano.

21

ARTÍCULO III

Es convenido por ambas comisiones que desde la confluencia de la quebrada Torondano continúe la línea divisoria aguas arriba sobre esta quebrada hasta su origen que existe en el cerro Variador extremidad Oriental de una cresta de montaña conocida con el nombre de Botija.

ARTÍCULO IV

Del dicho cerro Variados continúa la línea hacia el Oeste sobre la referida cordillera de la Botija hasta su extremidad occidental en el cerro llamado Frijolío. La cordillera toma la dirección Norte, y sobre ella va corriendo la línea divisoria hasta el punto donde se desprende la alta cordillera de Dipilto. La cordillera sobre que va la línea limítrofe en toda su extensión y que se reconoce como una continuación de la de los Andes, divide las aguas de los manantiales que van al Atlántico y al Pacífico.

ARTÍCULO V

Por consecuencia de esta demarcación, queda en territorio de Nicaragua el pueblo de San Marcos con sus valles y respectivo territorio jurisdiccional, limitado al Oeste por la línea que se va marcando; y queda en territorio de Honduras el pueblo de Santa María con sus valles y respectivo territorio jurisdiccional, limitado el Este por la misma línea que se va marcando.

ARTÍCULO VI

Del punto de donde se desprende la alta cordillera del Dipilto sigue la línea divisoria en dirección Nordeste sobre la cima, y dejando a la derecha la ramificación de los cerros de Totecasinte, se continúa el mismo rumbo Nordeste sobre la propia cordillera que corre paralela al río del Coco formando el borde Norte de su cuenca, y de cuya eminencia nacen los afluentes del mencionado río del Coco perteneciente a Nicaragua, y los tributarios del río Patuca pertenecientes a la República de Honduras. Esta línea continúa en la misma dirección y paralelismo con el río del Coco sobre la cima del borde referido hasta su extremidad Oriental, en donde comienzan las llanuras del Océano Atlántico.

ARTÍCULO VII

De la extremidad Oriental de la cresta o borde mencionado en el artículo anterior, continúa la demarcación en la línea recta al Este hasta terminar en las aguas del Océano Atlántico a los 15° 10´ latitud Norte y 83° 15´ longitud Oeste del Meridiano de Greenwich.

ARTÍCULO VIII

Para la claridad de la línea marcada en este tratado se colocarán tres mojones, uno en el punto denominado el Amatillo, otro en el punto de la cordillera principal donde se desprende la cordillera de Dipilto, y otro en la extremidad Oriental del borde Norte de la cuenca del río del Coco donde comienzan las llanuras del Océano Atlántico.

ARTÍCULO IX

Este tratado será obligatorio perpetuamente para las dos Repúblicas, sujeto a la ratificación de sus respectivos Gobiernos, y el canje de las ratificaciones tendrá lugar en esta ciudad dentro de ocho meses contados desde esta fecha, o antes si fuere posible.

En fe de lo cual firman el presente por duplicado en la ciudad de Managua a primero de Septiembre A. D. S. mil ochocientos setenta.

F.) FERMIN FERRER   (F.) R. URIARTE
(L. S.) Es conforme. Managua, octubre 12 de 1875.

AYON

Es conforme con su original, que se halla en el Archivo de mi cargo, de donde ha sido sacada fielmente esta copia, en Tegucigalpa, a dos de Nov. de mil ochocientos noventa y nueve.

Archivo Nacional de Honduras. – Tegucigalpa.

G. Guardiola,
Director del Archivo Nacional.

CAPÍTULO III
DOCUMENTOS RELATIVOS A
LOS DERECHOS TERRITORIALES
DE HONDURAS Y NICARAGUA

INSTRUCCIONES

a que debe arreglarse el señor doctor Alejandro Marure, autorizado por el Gobierno de Honduras para que represente los derechos del Estado en la comisión que de Guatemala lleva cerca de S. M. B.

———

1ª. – Se le autoriza plena y competentemente para que, uniendo e identificando el reclamo de su misión el de Honduras igualmente, solicite y obtenga de S. M. la Reina de Inglaterra la satisfacción del ultraje practicado en mengua de toda la Nación por el Gobernador de Belice en el territorio y persona de un funcionario del Gobierno, unido al del Estado de Nicaragua.

2ª. – De la misma manera se servirá reclamar, y hacer poner en claro ante el propio Gobierno de S. M. los indisputables derechos que Honduras y Nicaragua tienen al territorio de la Costa del Norte de uno y otro en donde se ha pretendido investir con el carácter de nación independiente a un puñado harto pequeño de hondureños y nicaragüenses selváticos, en cuya civilización trabajan los referidos Gobiernos; haciendo entender a S. M. la Reina, al instruirla de este negocio, el degradante lugar en que pone su augusto nombre el superintendente de Belice, cuando en sus papeles oficiales dispone se le considere como aliada de una porción de seres miserables que no solamente están destituidos de las ideas de soberanía y de nación, en cuyo rango y capacidad se les quiere colocar por el egoísmo y ambición de unos pocos, sino que aún no han puesto en uso las facultades más comunes del hombre para procurarse subsistencia, vestuario, ni habitación fija, de que carecen por su rudo salvajismo y estupidez.

3ª. – Igualmente cuestionará ante el Gobierno de S. M. B. el inmemorial derecho que Honduras tiene a las islas Roatán, Guanaja y la Utila con sus cayos inmediatos, como adyacentes a su territorio continental y poseídas con título no interrumpido de soberanía ejercida sin reclamo en el espacio de tres siglos continuos; a cuyo fin, y al tratar de este negocio, se servirá hacer presente a S. M. la injuriosa e impolítica conducta observada por el superintendente de Belice, al apropiarse de mano armada y con la violencia no digna de Gobernante de una nación grande, cuerda e ilustrada, de la primera de dichas islas, el día 20 de abril de 1839, en cuyo acto abusivo comprometió de la manera más deshonrosa el alto carácter de su Gobierno, violando a su nombre, y de una sola vez, todos los principios de derecho internacional reconocidos aún por los cuerpos políticos que comienzan a ver las puertas de la civilización.

4ª. – Al interpelar al Gobierno de S. M. la Reina de Inglaterra sobre los varios objetos de su autorización, tendrá a bien hacerle presente que el de Honduras, así como los demás de la Unión Centroamericana, cuando han sufrido los repetidos actos vejatorios con que el gobernador de Belice ha ultrajado la soberanía de todos ellos, le han hecho siempre la justicia a que es acreedor un Gobierno que ha consignado y practica en su sabia administración los fundamentos más sólidos de la equidad y de su adelantada ilustración; que en este sentido, jamás han creído que la conduta del coronel McDonald respecto de estos mismos hechos, puede tener origen en el Gobierno justificado de S. M. B.; y que considerando que toda ella procede de la confianza que este funcionario tiene de que sus manejos antipolíticos serán siempre ignorados a causa de la distancia a que se halla aquel Gabinete, se prometen y esperan que sus reclamos serán atendidos en la manera que lo demanda el interés universal de las sociedades.

Comayagua: febrero 18 de 1842.

(F.) FRANCISCO FERRERA
(F.) JUAN MORALES

Es conforme con su original que se halla en el Archivo de mi cargo, de donde ha sido sacada fielmente esta copia, en Tegucigalpa, a primero de enero de mil ochocientos noventa y nueve.

Archivo Nacional de Honduras. – Tegucigalpa.

G. Guardiola,
Director del Archivo Nacional

DECRETO

autorizado a la Legación de Nicaragua para representar a Honduras en Europa

———

El presidente en quien reside el P. E. del Estado de Honduras: por cuanto ha sido excitado por el supremo director del Estado de Nicaragua, a efecto de pedir autorización e instrucciones para la Legación que ha dispuesto acreditar cerca de los Gobiernos de los Estados Unidos, España, Francia e Inglaterra; siendo de urgente necesidad el reconocimiento de la independencia, tanto el Gobierno Español como de los demás que hasta ahora no la han reconocido, como así mismo hacer algunos reclamos al Gobierno de Inglaterra, y celebrar tratados de amistad y alianza con cada una de estas naciones; presentándose la ocasión favorable de que el referido Gobierno de Nicaragua no exige una cantidad proporcional al gasto que se va a hacer en el envío de la Legación, sino la que buenamente pueda dar este Estado, atendida la exhaustes del Erario; y oído el Consejo de Ministros, se ha servido emitir el siguiente

DECRETO:

Art. 1°. – Se autoriza a la Legación nombrada por el Estado de Nicaragua, cerca de los Gobiernos de los Estados Unidos, España, Francia e Inglaterra, compuesta de los señores licenciado Francisco Castellón y Dr. Máximo Jerez, para que representen al Gobierno de Honduras ante los de aquellas naciones.

Art. 2°. – Llevará por objeto sostener y hacer respetar los derechos del país y los de este Estado en particular, según las instrucciones que se le acompañan al efecto.

Art. 3°. – Con el objeto de ser acreditada esta Legación, se le extenderá el correspondiente diploma, y se comunicará, por quien corresponde, con los recados de estilo.

Art. 4°. – Se pondrá este Decreto en conocimiento de la Legislatura con los documentos que lo han motivado, para su aprobación, y para que designe la suma o contingente con que debe contribuir el Estado. Comuníquese a quien corresponda.

Dado en la ciudad de Comayagua, en la Casa de Gobierno, a 15 de noviembre de 1843.

(F.) FERRERA

Al señor Coronado Chávez

———

INSTRUCCIONES a que deben arreglarse los enviados extraordinarios por el Gobierno Supremo del Estado de Nicaragua y el de este, señores licenciado Francisco Castellón y Dr. Máximo Jerez, su secretario, cerca de los Gobiernos de los Estados Unidos del Norte de América, España, Francia e Inglaterra.

———

Art. 1°. – Manifestarán al Gobierno español las muy poderosas razones que tuvo el Estado de Honduras para independizarse de su dominación, que son las mismas que tuvieron los demás Estados de Centroamérica y el resto de las naciones hispanoamericanas; que bajo este justo motivo debe reconocer la independencia de Centroamérica, como nación libre, soberana e independiente, en cada uno de los Estados que la componen, soberanos y libres en su Gobierno interior.

Art. 2°. – Que las relaciones que deban establecerse entre ambas naciones se tendrán por medio de una Dieta denominada "Gobierno de la Confederación de Centroamérica", de cuya instalación se dará aviso oportuno; pero entre tanto esta se organiza, las relaciones serán directas entre aquel y este Gobierno.

Art. 3°. – La Legación cuidará que al hacer el Gobierno español el reconocimiento que se demanda, prescinda de indemnizaciones de edificios y de otros intereses y derechos que antes de la independencia de los Estados correspondía al monarca español, sobre cuyo punto no habrá reclamos en tiempo alguno; a excepción de los particulares provenientes de herencias, y cualquiera otra clase de contratos reconocidos por derecho.

Art. 4°. – En caso de celebrarse algún tratado de comercio con esta Nación o con cualquiera de las otras a que se dirige, debe no perder de vista, que la reciprocidad que debe observarse en punto a importación y exportación debe limitarse a nuestros puertos; porque si se extiende a la marina, es probable que aquéllas ganen, y el Estado pierde porque carece de ella.

Art. 5°. – Manifestará con la mayor energía al Gobierno de la Gran Bretaña, que careciendo de todo título legal para apoderarse de la isla de Roatán en el Atlántico, como lo ha verificado el superintendente de Belice, señor coronel Alejandro McDonald, se sirva declarar el derecho que tiene a ella el Estado de Honduras, y mande sea desocupada por los súbditos ingleses que la habitan. Le hará presente, de la manera más franca y terminante, que el Gobierno de Honduras no supone ser obra esta del Gabinete de San James, sino de la intriga e indiscreción del referido superintendente. Pero esta reclamación se entenderá que debe hacerla tan luego que se le avise por el Ministerio de Relaciones, de no haber tenido efecto la que se ha hecho directamente al superintendente de Belice, pues se ha tenido noticia que no solo ha sido desocupada aquella isla, sino que se halla en disposición de devolverla este nuevo funcionario.

Art. 6°. – Expondrá de la propia manera, que este Gobierno supone estar mal instruido aquel sobre la supuesta Monarquía y Nación Mosquito; y como en el Estado de Nicaragua hay los suficientes documentos sobre el particular, se omite extender más esta instrucción, y se concreta el Gobierno a exigir que se declare: que todo el territorio de la costa Mosquito y sus islas adyacentes, pertenece a Centroamérica; y, por consiguiente a Nicaragua y Honduras por su línea divisoria.

Comayagua: noviembre 15 de 1843.

(F.) FERRERA

Es conforme con su original que se haya en el Archivo de mi cargo, de donde ha sido sacada fielmente esta copia, en Tegucigalpa, a primero de enero de mil ochocientos noventa y nueve.

Archivo Nacional de Honduras. – Tegucigalpa.

G. Guardiola,
Director del Archivo Nacional

COMUNICACIÓN

del ministro de Relaciones Exteriores de Nicaragua sobre los proyectos del Gobierno de Honduras, para que ambos países recobren el territorio de La Mosquitia.

Ministerio General del Supremo Gobierno del Estado de Nicaragua. – Departamento de Relaciones.

D. U. L.

Casa de Gobierno: León, enero 5 de 1844.

Señor ministro general del Supremo Gobierno del Estado de Honduras.

El Director Supremo de este Estado ha visto con suma satisfacción la estimable nota de Ud. fecha 16 de diciembre último que se sirvió dirigirle por mi medio, informándole la llegada del general de los Mosquitos, Tomás Lowry Robinson, con el objeto de solicitar el protectorado de ese Supremo Gobierno y celebrar un convenio que dé por resultado la civilización y mejoramiento de la situación abyecta de sus súbditos, el nombramiento que el secretario del superintendente de Belice hizo en la persona de aquel para regente del Distrito del Norte, y para el del Sur, al príncipe Wellington; el desprecio con que Robinsón ha visto semejante farsa, el juicio que ese señor presidente se ha formado de ellas y su opinión acerca del modo con que se debe obrar por parte de este Gobierno para relacionarse con Wellington, y quitar todo el prestigio que los usurpadores ingleses han adquirido en aquellas sencillas gentes. En contestación de todo he recibido orden de decir a Ud., para conocimiento del digno presidente de ese Estado, que es de celebrarse el acontecimiento a que se refiere, el cual es de aprovecharse para disminuir el ascendiente de los ingleses, consagrando toda la atención de los dos Gobiernos al mejoramiento de aquellas tribus que tan dispuestas se hallan a recibir buenas impresiones, puesto que sus jefes hacen reflejar en sus acciones rasgos brillantes de civilidad, de espíritus elevados, nobles e independientes. Penetrado está el director supremo de la importancia de la indicación que Ud. se sirve hacer con relación al entable de relaciones con Wellington, que aun antes de ahora, teniendo noticias del comercio que trataban de emprender en el departamento de Segovia por algunos ríos navegables que hay en aquel territorio, previno al prefecto, que se había alarmado por esto, que admitiese a todos los que llegaran, que las inspirase confianza, inculcándoles la idead e que son y deben ser nicaragüenses; que el Gobierno está dispuesto a protegerlos y procurar su felicidad; y en una palabra, que los halagos de los ingleses que se han introducido entre ellos no tienen otra mira que la de cebar su codicia y hacerse dueños de todo cuanto ellos poseen en aquellos ricos y fértiles bosques.

Mi Gobierno ha adquirido, además, que al decir a Ud. esto, le añada la expresión del reconocimiento de que está penetrado hacia el señor presidente de Honduras, por las señales de la bondad, armonía y buena correspondencia que se sirve protestarle en su referida comunicación, y que le proteste a su nombre la buena disposición en que le encontrará siempre para todo aquello que concierna a la dicha y ventajas de ambos pueblos.

Y yo, constituido en débil órgano de los sentimientos de mi Gobierno, aprovecho con placer esta ocasión para renovarle las seguridades de la perfecta amistad y alta estimación con que soy su atento servidor.

(F.) FRANCISCO CASTELLÓN

CIRCULAR

expedida a los Gobiernos de París, Bruselas, Madrid, Prusia, Holanda y Estados Unidos de Norteamérica.

Quelques journaux de Londres, de París et de Bruxelles ont donné la nouvelle, que des forces navales de S. M. B. ont occupé le port de Blewfield situé sur le territoire de Nicaragua, nouvelle qui m'a eté confirmée par une lettre datée á Cartagene de la nouvelle Grénade le 17 juillet dernier. Comme réprensentant des Etats de Nicaragua et de Honduras, j'ai cru devoir adresser á S. G. Lord Aberdeen la communication suivante:

"Milord:

Les journaux francais, se rapportant à ceux de Londres, ont donné, il y a quelques jours, la nouvelle que des forces navales de S. M. B. ont occupé le port de Blewfield situé sur la côte de la mer atlantique, territoire de Nicaragua, Amérique Centrale, et connu sous le nom de Mosquitos, depuis la decouverte de cete partie du nouveau monde.

Persuadé, comme je le suis, de l'esprit de moderation et de justice qui preside á tous les actes du cabinet de St. James et fort, par d'irrecusables temoignages, de l'amitié et des égards du susdit cabinet envers les Etats de l'Amérique Centrale depuis qu'ils se sont declarés libres et independants de leur ancienne Metropole, aprés avoir soutenu avec ardeur la cause de leur emancipation, j'ai de la peine à croire à des semblables assertions.

Mais comme il se purrait que l'acte dont il est ici question âit été consommé sans la connaisance et sans la participation du gouvernement de S. M. B., comme il arriba en 1830, et posterieurement en 1839, lors de l'occupation de l'ile de Roatan, sur lequel fait, des respectueuses rémontrases furent adressées au cabinet de St. James, j'ai cru qu'il serait convenable de déclarer à V. G. en ma quialité de réprésentant des Etats de Nicaragua et de Honduras, que les gouvernements de ces deux Etats, desirant conserver avec celui de S. M. B. les rélations d'amitié et de bonne intelligence, heureusement existantes jusqu'à ce jour entre ces pays et le royaume uni de la Grande Brétagne, m'ont conféré des pouvoirs spéciaux pour faire valoir près le cabinet de Londres le juste droit qu'ont les dits Etats sur le territoire connu sous le nom de Mosquitos et sur les iles y dépendances situées sur la mer atlantique, composant anciennement le royaume de Guatemala, reconnu après sous la dénomination de République fédérale de l'Amérique Centrale, et afin d'obtener du gouvernement de S. M. B. la réconnaissance la plus formelle et la plus sollemnelle du droit que les dits Etats ont sur le territoire susmentionné, et que les agents et les personnes soubordonnées du cabinet britannique observent á leur égard la justice qui leur est dûe, sans les troubler dans la possession tranquille et legale où ils se sont constitués depuis si longtemps.

Il est connu en Europe, que le continente de l'Amérique Centrale appartint, durant plus de trois cents ans, á S. M. Catolique, et que sous ce rapport, ses côtes furent toujours respectées, soit dans la mer pacifique, soit dans la mer du nord. Le traité conclu entre l'Espagne et le Royaume de la Grande Bretagne, le 14 juillet 1786, demontre que S. M. B. reconnaissait cette dominatión,, puisque par l'article 11 celle-ci s'engagea à expedier les ordres les plus positifs pourque ses agens, ses sujets et ses colons, qui jusq'alors avaient été sous sa protection, eussent à sortir dans le delai de six mois (art. 12) du pays de Mosquitos et en général du continente et des iles attenantes. Par compensation, le gouvernement de S. M. B. obtint le privilège de couper de bois de bresil et autres dans le territoire de Balize et dans les límites deignées dans l'article 2me.

El est également connu que ce traité fut rigoureusement observé par le gouvernement de S. M. B. tout le temps que l'Amérique Centrale vecut sous la domination espagnole. La Constitución publiée á Cadix en 1812, art. 1°, declara, que Guatemala, ainsi que les provinces internes de l'orient et de l'occident et les iles y attenantes dans l'une et dans l'autre mer de l'Amérique faisaient partie integrante des domaines de l'Espagne; et sous ce rappor il ne lui fut jamais suscité des questions d'aucune espéce par les puissances de l'Europe.

Le Roi Ferdinand VII comunica á tous les Etats souverains, et particulièrement à celui de la Grande Bretagne, son acceptation à ladite Constitution Politique; et celui-ci donna son adhesión dans sa réponse datée du Palais de Carlton, le 21 août 1820, réponse que le Moniteur universel n° 143 publia dans la même année.

Il est aussi connu, que lorsque l'Amérique Centrale se fut déclarée indépendante et souveraine, elle n'entendit en aucune manière ceder ni demembrer la mondre partie de son territoire, mais loin de cela elle declara á la fase du monde entier dans sa constitution de 1824, article 5me, que le territoire de la République ambrasait entiérement celui de l'ancien royaume de Guatemala, la province de Chapas exceptée, dont les límites d'après la loi 6me, titre 15me, libre 2me, de la Recopilación de Indias, sont, du coté du Levant, l'Audience de la Terre ferme ou Escudo de Veragua; ducote de l'Occident, le royaume de la Nouvelle Espagne ou le Mexique; du coté du Nord, la mer de ce nom; et du coté du midi, la mer du Sud.

C'est, sous ces príncipes là, qu'ont été écrits les ouvrages de Géographie publiés à Londres mème, ainsi que le Prospectus de l'histoire de Guatemala par l'illustre americain Don José del Valle, ouvrages où se trouve consignée la susdite demarcation des límites de l'Amérique Centrale. Ce fut aussi sur ces mèmes príncipes qu'en 1826 Mr. Marcial Zevadúa, Ministre Plenipotentiaire de la Repúblique Centrale près le Cabinet de St. James, fit admetrre dans les préliminaires d'une négociation, qui malheureusement ne put être conclue á cause du rétard des nouveaux pouvoires exigés par le gouvernement de S. M. B., un article par lequel on réconnaissait aux sujets anglais les concessions faites dans le traité de 1783 et par la Convention de 1786 déja mentionée. Le Cabinet britannique manifesta alors, qu'a cet égard, ces conventions étaient conformes aux intérêts de la Grande Bretagne, et que sous aucun rapport il n'exigerait rein de plus.

Ces points démontrés, il me reste seulement prouver que les límites des Etats de Honduras et de Nicaragua sont les mèmes qui avaient été réconnues lorsque ces Etats formaient une province de l'Ancien Royaume de Guatemala; **c'est-á-dire, celles de Honduras, depuis le detroit de Guatemala, du coté de l'Ouest, jusqu' au cap de Gracias a Dios, du coté de l'Est, du Sud est, et du Sud; et depuis le golfe de Conchagua, dans la mer pacifique, jusqu'a l'Océan atlantique, du coté de l'Est, du Nord est et du Nord avec les iles attenantes dans les deux mers; les limites de Nicaragua sont; du coté de l'Est la merdes Antilles; du coté du Nord, le cap de Gracias á Dios, que le sépare de l'Etat de Honduras; du coté de l'Ouest le golfe de Conchagua; du coté du Sud, l'océan pacifique; et du coté du Sud est le detroit de Costa-Rica;** ainsi que ces Etats l'ont déclaré dans leurs constitutions respectives; de manière qu'il n'est jamais arrivé aucun cas don ton put tirer l'induction qu'ils ont réconnu, comme territoire independant, celui qui, pour conserver l'ancienne denominations, s' appele Mosquitos, á la ivilisation duquel ces Etats s'etainet devoués, parce que la situation oû il se trouve ne permet point qu'il soit consideré, non seulement comme un état independant, mais pas méme comme une simple population, puis'u'il est évident qu'il ne forme point un état constitué et n' a point de gouvernement, d' autorités ni de lois particuliéres, selon l'exige le droit international. Tels sont les fondements sur les quels est basé le droit qu' ont les Etats de Nicaragua et de Honduras sur le territoire de Mosquitos. D'aprés ces fondements j' ose esperer de la rectitude et de la moderation caracteristiques du Gouvernemente de S. M. B., que no seulement ce droit será reconnu et respecté, comme il est dû, par les nations qui savent apprecier les príncipes d'egalité et de justice, comme des chosses importantes à leur sureté et à leur tranquilité; mais encore que S. M. B. voudra leur accorder la convenable protection pour faire qu'ils soient respectés des autres en les laissant dans la pacifique posesión de tout ce qui leur appartient.

Je prie, V. G., de vouloir portér à la connaissance de S. M. B. tout ce que j'ai en l'honneur d' exposer ici, et de me faire parvenir une reponse definitive.

Le soussigné saisit cette occassion, etc.
Bruxelles le 25 septembre 1844.

———

Desirant assurer contre toutes les demarches faites par les chefs et par les officiers anglais dans l'Amérique Centrale, le juste droit que els susdits Etats de Nicaragua et de Honduras ont sur le territoire susmentionné, malgré les pretentions de plusieurs su jets britanniques, soit en s'etablissant de fait dans quelques endroits à la faveur des facheusses circonstances où se trouva anterieurement ce pays, soit en faissant comprendre au chef des hordes sauvages qui l'ont habité, qu'il était un Monarque souverain, allié et protegé de S. M. B.; j'ai jugé convenable, afin d'obtenir le but que mes gouvernements se sont proposé, de protester de la maniere la plus solemnelle et la plus formelle devant les Cabinets de l'Europe et notamment devant celui de... contre toutes les violences et contre l'abus de pouvoir excercés par les forces navales de S. M. B. dans l'ile de Roatán appartenant à l'Etat de Honduras et dans le territoire de Mosquitos, quí est sous l'autorité de Nicaragua, afin de prendre possession de l'une et de l'autre, des points interessants par leur position topagraphique, dans le cas oú l'on viendrait á realiser le projet de percer le grand canal océanique; comme également contre les consequences qui pourraient resulter de semblables actes, reclamant, comme je reclame au nom des susdits gouvernements de Nicaragua et de Honduras contre des si grands griefs, et esperant obtener un jour la juste reparation qui leur est-dûe; et je doit declarer que les respectifs gouvernements ne consentent ni consentiront jamais ni en acune maniere à ceder la plus petite parcelle des possessions don ton veut les depouiller par la forcé, tandis que la raison et la justice, les seulés armes jusqu'ua present á leur portée, demandent qu'ils soient respectés por toutes les puissances, comme l'exige la conservation de la societé universelle, dont les interets sont la represión et même la punition de ceux qui foulent aux pieds si ostensiblement la justice, et qui leur conduite constante et soutenue temoignent une disposition de s'agrandir au mepris et au prejudice des faibles sans respecter les droits des autres nations.

J'espere que V. E. voudra bien porter á la connaissance de S... la presente declaratión et protestation pour les fins convenables, et daigner, aussi, agréer l'assurance de ma haute consideration.

Bruxelles septiembre 25 de 1844.

(F.) FRANCISCO CASTELLÓN

Es conforme. – San Fernando, mayo 8 de 1845.

(Sello). CASTELLÓN.

Legación de los Estados de Nicaragua y Honduras.

Es conforme con su original que se halla en el Archivo de mi cargo, de donde ha sido sacada fielmente esta copia, en Tegucigalpa, a primero de enero de mil ochocientos noventa y nueve.

Archivo Nacional de Honduras. – Tegucigalpa.

G. Guardiola,
Director del Archivo Nacional.

TRADUCCIÓN DEL DOCUMENTO ANTERIOR:

Algunos diarios de Londres, Paris y Bruselas han dado la noticia de que las fuerzas navales de S. M. B. han ocupado el puerto de Blewfield en el territorio de Nicaragua, noticia que me ha sido confirmada por carta fechada en Cartagena de noticias Grenada el 17 Como representante de los Estados de Nicaragua y Honduras, creí mi deber dirigir a S.G. Lord Aberdeen la siguiente comunicación:

Los diarios franceses, refiriéndose a los de Londres, dieron, hace unos días, la noticia de que las fuerzas navales de H. M. B. ocuparon el puerto de Blewfield situado en la costa del mar Atlántico, territorio de Nicaragua, América Central, y conocido como Mosquitos. , desde el descubrimiento de esta parte del nuevo mundo.

Convencido, como estoy, del espíritu de moderación y justicia que preside todos los actos del Gabinete de Santiago, y firme, por testimonio irrefutable, de la amistad y consideración de dicho Gabinete hacia los Estados de Centroamérica desde se declararon libres e independientes de su antigua metrópoli, después de haber apoyado ardientemente la causa de su emancipación, me cuesta creer tales afirmaciones.

Pero como pudo ser que el acto aquí de que se trata se consumara sin el conocimiento y sin la participación del gobierno de H. M. B., como sucedió en 1830, y posteriormente en 1839, durante la ocupación de la isla de Roatán, hecho por el cual, se dirigieron respetuosas protestas al gabinete de St. James, creí conveniente declarar a V. G. en mi calidad de representante de los Estados de Nicaragua y Honduras, que los gobiernos de estos dos Estados, deseando conservar con el de S. M. B. las relaciones de amistad y buen entendimiento, felizmente existentes hasta el día de hoy entre estos países y el Reino Unido de la Gran Bretaña, me han conferido poderes especiales para hacer valer ante el gabinete de Londres el justo derecho que dichos Estados tienen sobre el territorio conocido bajo el nombre de Mosquitos y sobre las islas en él situadas en el Mar Atlántico, que antes componían el Reino de Guatemala, luego reconocido bajo el nombre de República Federal de Centroamérica, y para obtener del Gobierno de S. M. B. el más

41

formal y solemne reconocimiento del derecho que dichos Estados tienen en el referido territorio, y que los agentes y subordinados del Gabinete Británico observan respecto de ellos la justicia que les es debida, sin perturbarlos en la tranquila y legal posesión en que se han constituido por tanto tiempo.

Es sabido en Europa que el continente de América Central perteneció, durante más de trescientos años, a S.M. el norte. El tratado celebrado entre España y el Reino de la Gran Bretaña, el 14 de julio de 1786, muestra que H. M. B. reconoció esta dominación, ya que por el artículo 11 ésta se comprometió a dar las más positivas órdenes para que sus agentes, sus súbditos y sus pobladores, que hasta luego de haber estado bajo su protección, tuvo que salir dentro de los seis meses (art. 12) del país de los Mosquitos y en general del continente y de las islas vecinas. En compensación, el gobierno de H. M. B. obtuvo el privilegio de cortar palo brasil y otros en el territorio de Belize y dentro de los límites señalados en el artículo 2.

El gobierno de S. M. B. todo el tiempo que Centroamérica vivió bajo dominación española. La Constitución publicada en Cádiz en 1812, art. 1°, declaró, que Guatemala, así como las provincias internas de Oriente y Occidente y las islas contiguas a ellas en uno y otro mar de América formaban parte integrante de los dominios de España; ya este respecto, las potencias de Europa nunca le plantearon cuestiones de ningún tipo.

El Rey Fernando VII comunicó a todos los Estados soberanos, y en particular al de Gran Bretaña, su aceptación de dicha Constitución Política; y éste dio su adhesión en su respuesta fechada en Carlton Palace, 21 de agosto de 1820, respuesta que publicó el Universal Monitor No. 143 en el mismo año.

También se sabe que cuando Centroamérica se declaró independiente y soberana, no pretendió en modo alguno ceder o desmembrar al mundo parte de su territorio, pero ni mucho menos se declaró a la faz del mundo entero en su constitución de 1824. , artículo 5me, que el territorio de la República abarcaba enteramente el del antiguo reino de Guatemala, con excepción de la provincia de Chapas, cuyos límites según la ley 6me, título 15me, libre 2me, de la Recopilación de Indias, son, por el del lado de Levante, la

Audiencia de Tierra Firme o Escudo de Veragua; ducote de Occidente, el reino de Nueva España o México; por el lado norte, el mar de ese nombre; y en el lado sur, el Mar del Sur.

Es bajo estos principios que se escribieron las obras de Geografía publicadas en Londres, así como el Prospectus de l'histoire de Guatemala del ilustre norteamericano Don José del Valle, obras en las que se hace constar la citada declaración de demarcación de la límites de América Central. Fue también sobre estos mismos principios que en 1826 el señor Marcial Zevadúa, Ministro Plenipotenciario de la República Central ante el Gabinete de Santiago, admitió en los preliminares de una negociación, que lamentablemente no pudo concluirse por la demora de la nueva facultades requeridas por el gobierno de S. M. B., artículo por el cual se reconocían las concesiones hechas a los súbditos ingleses en el tratado de 1783 y por la Convención de 1786 ya mencionada. El Gabinete Británico manifestó entonces que en este aspecto estas convenciones estaban en conformidad con los intereses de Gran Bretaña, y que en ningún aspecto requeriría nada más.

Demostrado estos puntos, sólo me resta probar que los límites de los Estados de Honduras y Nicaragua son los mismos que se habían reconocido cuando estos Estados formaban provincia del Antiguo Reino de Guatemala; es decir, las de Honduras, desde el Estrecho de Guatemala, por el lado occidental, hasta el cabo de Gracias a Dios, por los lados oriental, sureste y sur; y desde el Golfo de Conchagua, en el Mar Pacífico, hasta el Océano Atlántico, por el lado este, noreste y norte con las islas contiguas en los dos mares; Los límites de Nicaragua son; en el lado este la mierda de las Antillas; por el lado norte, el cabo de Gracias á Dios, que lo separa del Estado de Honduras; por el lado occidental el Golfo de Conchagua; en el lado sur, el Océano Pacífico; y del lado sur está el estrecho de Costa Rica; como lo han declarado estos estados en sus respectivas constituciones; de modo que nunca ha ocurrido ningún caso del que se pueda inferir que reconocieron, como territorio independiente, el que, para conservar las antiguas denominaciones, se llama Mosquitos, a la civilización a la que se dedicaron estos Estados, por la situación en que en que se encuentra no permite considerarlo, no sólo como un estado independiente, sino ni siquiera como una simple población, ya que es obvio que no forma un estado constituido y no tiene gobierno, autoridades ni leyes especiales, como se requiere por el derecho internacional. Estos son los cimientos sobre los que se asienta el derecho de los Estados de Nicaragua y Honduras al territorio de los Mosquitos. Sobre estas bases me atrevo a esperar de la rectitud y la moderación características del Gobierno de S.M.B., que no sólo este derecho sea reconocido y respetado, como es debido, por las naciones que saben apreciar los principios de igualdad y justicia , como asuntos importantes para su seguridad y tranquilidad; pero también que S. M. B. querrá otorgarles la protección adecuada para hacerlos respetar por los demás dejándolos en la pacífica posesión de todo lo que les pertenece.

Le ruego, V. G., que ponga en conocimiento de S. M. B. todo lo que tengo el honor de exponer aquí, y que me envíe una respuesta definitiva.

El abajo firmante aprovecha esta oportunidad, etc.

Bruselas el 25 de septiembre de 1844.

Deseando asegurar contra todas las representaciones hechas por jefes y oficiales ingleses en América Central, el justo derecho que los antedichos Estados de Nicaragua y Honduras tienen sobre el mencionado territorio, no obstante las pretensiones de varios súbditos británicos, ya sea para establecerse de hecho en algunos lugares gracias a las lamentables circunstancias en que se encontraba anteriormente este país, ya sea haciendo entender al jefe de las hordas salvajes que lo habitaban que era un monarca soberano, aliado y protegido de S. M. B.; He creído conveniente, para obtener el fin que se han propuesto mis gobiernos, protestar de la manera más solemne y formal ante los Gabinetes de Europa y en particular ante el de... contra toda la violencia y contra el abuso de poder ejercido por las fuerzas navales de H. M. B. en la isla de Roatán perteneciente al Estado de Honduras y en el territorio de Mosquitos, que está bajo la autoridad de Nicaragua, para tomar posesión de uno y otro puntos de interés por su posición topográfica, en caso de que se lleve a cabo el proyecto de perforar el gran canal oceánico; como también contra las consecuencias que pudieran resultar de hechos semejantes, reclamando, como pretendo en nombre de los antedichos Gobiernos de Nicaragua y de Honduras, contra tan grandes agravios, y esperando obtener un día la justa reparación que se les debe; y debo declarar que los respectivos gobiernos no consienten ni consentirán nunca ni en modo alguno ceder la más pequeña parcela de las posesiones de que se quiera despojarlas por la fuerza, mientras la razón y la justicia, únicas armas hasta ahora alcances, exijan que sean respetados por todos los poderes, como exige la conservación de la sociedad universal, cuyos intereses son la represión y hasta el castigo de los que tan ostensiblemente pisotean la justicia, y que los llevan constante y sostenidamente a testimoniar una disposición a crecer en desprecio y en detrimento de los débiles sin respetar los derechos de otras naciones.

Espero que V. E. tenga la amabilidad de poner en conocimiento de S... esta declaración y protesta a los efectos debidos, y se dignará también aceptar el testimonio de mi alta consideración.

Bruselas 25 de septiembre de 1844.

(F.) FRANCISCO CASTELLÓN

Es conforme. – San Fernando, mayo 8 de 1845.

(Sello). CASTELLÓN.

Legación de los Estados de Nicaragua y Honduras.

Es conforme con su original que se halla en el Archivo de mi cargo, de donde ha sido sacada fielmente esta copia, en Tegucigalpa, a primero de enero de mil ochocientos noventa y nueve.

Archivo Nacional de Honduras. – Tegucigalpa.

G. Guardiola, Director del Archivo Nacional.

NOTA

del ministro de Nicaragua y Honduras a Lord Aberdeen

A Lord Aberdeen, ministro de Negocios Extranjeros de S. M. B., en 23 de noviembre de 1844.

Soy impuesto, por la carta oficial de V. G. de 4 del corriente, de los motivos que S. M. la Reina de la Gran Bretaña, ha tenido para no aceptar los medios que he propuesto a fin de arreglar las diferencias que existen entre el Gobierno de S. M. B. y los Estados de Honduras y Nicaragua. El primero de estos motivos, según la comunicación a que me refiero, es el de haber sido reconocida, por el Gobierno de Nicaragua, la justicia de las reclamaciones que Mr. Chatfield, cónsul general en Centroamérica, había dirigido a nombre de Mrs. Glenton y Manning, desde el momento en que ha reconocido la deuda y arreglado el pago en los términos que demandaba este agente británico; pero acerca de esto es necesario observar lo que expuse en mi comunicación del 14, en donde manifesté con el tenor mismo del decreto que expidieron las Cámaras Legislativas de Nicaragua en 7 de marzo último, de que acompañé copia autorizada, que semejantes arreglos no tenían otro objeto que el de rescatar el puerto de San Juan para evitar los funestos efectos del bloqueo, bajo la formal protesta de hacer valer sus derechos cerca del Gobierno de S. M. B.; y por lo mismo siento verme forzado a decir a V. G., que aun sobre este particular ha sido mal informado por sus agentes, y que no sin razón es a ellos más bien que a los Gobiernos de aquellas secciones de América, a quienes deben atribuirse los embarazos que han interrumpido la dichosa armonía y buena correspondencia que existían anteriormente entre los dos países. El tiempo y las circunstancias, mi Lord, harán conocer a S. M., vuestra augusta

47

soberana, y a vuestra gracia misma, la verdad de todos estos acontecimientos, y entonces, ella hará justicia, yo no lo dudo, a los sentimientos e intenciones de los Gobiernos a quienes represento, no menos que a su invariable deseo de prestarse a una negociación amigable sobre las satisfacciones que le son debidas legítimamente, a fin de llegar a una conclusión sólida y equitativa. Otro de los motivos es la nueva guerra que se dice haber estallado entre algunos Estados de la América Central. A la verdad, mi Lord, yo no he tenido ningún conocimiento de estos incidentes, porque lo que últimamente he sabido de aquel país, es que las diferencias suscitadas entre Guatemala y San Salvador, han sido arregladas amigablemente, bajo la intervención del supremo delegado de la Confederación que se halla instalada conforme al pacto de Chinandega, de que he remitido a V. G. un ejemplar impreso con mi nota de 23 de agosto último. Pero aun en la hipótesis que el incidente de la guerra fuese positivo, siento vivamente el decir a V. G., que esto no podría impedir, en manera alguna, las negociaciones entre Nicaragua y la Gran Bretaña, negociaciones por las cuales deben ser arregladas las reclamaciones de este Estado, sobre las ofensas que le han inferido algunos oficiales británicos, ya violando la integridad de su territorio, o ya atacando la independencia del Poder Judiciario y la soberanía nacional, o ya cometiendo vejaciones de que se resienten los naturales, porque es en virtud de un derecho perfecto de que no puede despojársele, que él ha dirigido sus quejas a S. M., la Reina de la Gran Bretaña, con la esperanza de obtener, no solo la desaprobación de los actos de los agentes británicos en la América Central, sino también la reparación justa y proporcionada a las injurias y perjuicios que ha recibido; cosa que no puede rehusársele, ni por el incidente de la guerra, ni por ningún otro motivo de esta naturaleza. Nada, pues, tienen de común las cuestiones que debemos arreglar con las disensiones políticas de la América Central. Enumeraré estas cuestiones.

La 1ª versa sobre la restitución de la isla de Roatán, perteneciente al Estado de Honduras y ocupada de hecho en 1838 y 1839 por fuerzas de Belice.

La 2ª sobre la satisfacción y reparación de los perjuicios que causó la violación del territorio de Nicaragua, y la prisión y rapto que allí se ejecutó en la persona del teniente coronel don Manuel Quijano, administrador del Puerto de San Juan, el 13 de agosto de 1841 de que he dado conocimiento a V. G. en mi comunicación de 16 de octubre último.

La 3ª sobre la reparación de los perjuicios que ocasionó el bloqueo establecido en 1842 para exigir el pago de las sumas que reclamó el cónsul de S. M. sin una justificación previa del origen o procedencia de las deudas reclamadas.

La 4ª sobre la satisfacción que merece el hecho perpetrado el mismo año por Mr. James McDonald, comandante del "Brik Charybdis", obligando por la fuerza al administrador de dicho puerto en San Juan, señor José de la Tierra, a firmar un documento por el cual reconocía que este puerto era perteneciente al territorio Mosquito, y que las salvajes forman una nación independiente de Nicaragua, **no obstante el derecho conocido que el Estado tiene sobre todo el litoral del Atlántico, desde el Cabo de Gracias a Dios del lado del Norte, hasta la línea que le separa del Estado de Costa Rica, según lo tengo demostrado en la comunicación que dirigí a V. G. el 25 de septiembre último.**

La 5ª sobre el esclarecimiento de estos derechos, para fijar de una manera clara y precisa los límites de Nicaragua.

La 6ª, en fin, sobre la indemnización de los perjuicios que el Estado ha recibido por el último bloqueo, y la indemnización de las sumas que él ha ofrecido satisfacer para librar el puerto, según el decreto legislativo de 7 de marzo de que he dado conocimiento a V. G. en mi comunicación del 14 de este mes a que me refiero. Estos puntos, sobre los cuales Nicaragua ha querido tratar directamente con la Augusta y Graciosa Reina de la Gran Bretaña bajo la entera y perfecta confianza que ella conocerá la causa de sus desgracias, la extensión de sus pérdidas y la fuerza de los derechos que procura hacer valer merecen, a mi juicio, la más grande atención de S. M. para no dejar a los Estados de Honduras y Nicaragua agraviados sin reparación y despojados de lo suyo sin el justo desagravio que les es debido. Ellos apelan solamente a la justicia de S. M., y se hallan bien persuadidos que cuando esta Soberanía se haya instruido de todo, no se rehusará a los medios pacíficos que por mi medio han propuesto para llegar a un resultado satisfactorio para los dos países. Mas, si a pesar de estas explicaciones S. M. persiste en la resolución que V. G. ha querido comunicarme en su nota del 4, me hago un deber de declarar, a nombre de los Estados de Nicaragua y Honduras, que ellos no renunciarán voluntariamente a los derechos bien fundados que tienen para pedir la reparación de las ofensas que los oficiales británicos les han inferido bajo los falsos que han dado a Su Majestad Británica. Que tampoco cederán la más pequeña parte de su territorio, y que menos serán responsables de las consecuencias que podrían seguirse de las medidas que para conservar la integridad de sus posesiones, juzgaren convenientes dictar en lo sucesivo, atendidas las circunstancias y los medios que se emplearen para despojarles de lo que les pertenece como se ha observado últimamente. Antes de dejar París, para regresar a Nicaragua el 3 de diciembre próximo, quisiera que V. G. se dignase honrarme con una contestación, si dentro de este término pudiere hacerlo, o bien dirigirla a Mr. José García Gastón de Cádiz, a quien dejo encargado de mantener las relaciones con V. G., mientras que los Gobiernos de quienes dependo, determinan a este respecto lo que juzgaren conveniente. Quiera Ud. admitir, etc., etc., etc.

Es conforme. – San Fernando, mayo 8 de 1845.

(F.) CASTELLÓN. (Sello)

Es conforme con su original que se halla en el Archivo de mi cargo, de donde ha sido sacada fielmente esta copia, en Tegucigalpa a primero de enero de mil ochocientos noventa y nueve.

Archivo Nacional de Honduras. – Tegucigalpa.

G. Guardiola,
Director del Archivo Nacional.

Trujillo, septiembre 10 de 1847

Señor jefe de Sección, encargado del Ministerio de la Guerra.

Ayer llegaron a este los dos capitanes sambos Davis y James Sinol, cuyos han venido por orden del Gral. Metison, a fin de comunicarme de parte de este último, lo siguiente: que al señor Patrick Walker había mandado a llamar a cuantas personas residen en el distrito desde el Cabo de Gracias a Dios, hasta Río Tinto o Black-River, cuyos súbditos son bajo la sujeción y gobierno del expresado Gral. Metison, a fin de que el día 10 del presente fueran a presentarse a una Asamblea General para determinar el antojo del dicho Walker, los derechos y linderos de la pretendida nación Mosquita, con el bien entendido que a los viejos que fuesen a dicha reunión les darían cargo, y los que lo tienen, que no fuesen, serían despojados de él, sin haber mandado ninguna de estas órdenes al Gral. Metison, quien tuvo la noticia por la gente de su mismo distrito, que ocurrieron a su casa a participárselo. En esa virtud despachó a estos para que me comunicasen, asegurándome que ninguno de su distrito iría a dicha reunión ni por orden del rey ni de la del señor Walker, de quien desean quedar enteramente libres.

En la casa del dicho Gral. Metison, convinieron, entre ellos, no obedecer ninguna orden de nación extraña, sino de las autoridades del Estado de Honduras, con quien son hermanos, por ser nativos del mismo terreno y unidos por el tratado celebrado entre su finado Gral. Lowry Robinson y el Supremo Gobierno de Honduras, en el cual se ratifican todos, y tienen presentes los males que padecieron con los ingleses, que atropellaron sus tierras bajo el mando de Mac Gregorio, cuyos casi todos murieron por sus inconductos. La nueva colonia que formaron después bajo la tutela, según decían, de la reina Victoria, han sido todavía más tiranos, queriéndoles prohibirles el pescar en los ríos o mar, montear aves o bestias silvestres, ni proveerse de las frutas silvestres, que dan las tierras, a menos que pagasen la mitad o más de su valor a dichos ingleses.

Hoy está establecido en la Black Criba un corte de madera por la casa de Antonio Mateo, de Belice; y el encargado de dicho corte les ha dicho que Mateo había comprado dichas maderas del señor Walker, de cuyo trato no quedan los expresados habitantes satisfechos por ser maderas que Dios solo ha sembrado (como dicen) y nacido en su terreno, en el cual ni el señor Walker ni el rey no tienen ningún derecho, por cuyo motivo me piden si deben o no continuar dicho corte; les he contestado que a ellos solos pertenecían dichas maderas, y que eran dueños de disponer de ellas según les conviniere; pero les aconsejé que por ningún motivo se sometieran al capricho ni voluntad del rey; que eran independientes y libres de la tiranía. Con la misma, el Gral. Metison me ha mandado a suplicar extendiese dos comisiones de capitanes para los dos comisionados que han mandado en su nombre, lo que he hecho, pidiéndome le mandara nuevas comisiones para sus demás oficiales. No lo he verificado con los últimos por no saber los nombres, y creo que sería muy bueno que dichas comisiones fuesen impresas y con las armas del Estado. Lo que más me encomienda es que le suplique al Supremo Gobierno se sirva tener la bondad de mandar un hombre capaz de instruirlos del modo de que deben proceder para mantenerse en unión con el Estado y probar su buena armonía; días hace que mandó pedir al señor José Lamote, motivado, según dicen todos, que antes de morir el general Lowry, lo ha nombrado su sucesor; mas este no ha podido ir por ser aún todavía prohibida su salida de este puerto, por el jefe intendente del departamento.

Lo que pongo a su conocimiento, a fin que se sirva Ud. elevarlo al del Supremo Poder Ejecutivo.

Como siempre me ofrezco de Ud. afectuoso servidor.

(F.) JUAN BAUTISTA LOUSTALET

———

Gobierno Supremo del Estado

Comayagua: octubre 8 de 1847

Contéstese: que se le acompañan los despachos del general y capitanes que expresa, y otros sin el nombre para que los cubra según sean necesarios; que mande al señor Lamote para que instruya a los jefes de aquellas tribus en lo que deben hacer, y cómo deben conducirse para no ser engañados de sus conquistadores ingleses; que el señor Lamote es además nombrado protector, según el decreto que se le acompaña, y que les haga entender que el Gobierno les dispensa tan particular recomendación, que ha mandado sostener con sus rentas un individuo de aquellas parcialidades para que se eduque y aprenda las ciencias en la Academia de Tegucigalpa, y se le encarga el mayor celo y actividad en la salida del señor Lamote, a quien le dará las instrucciones correspondientes; y que informe de todo cuanto ocurra en aquella costa, pues el cónsul general británico, a nombre de su Gobierno, se ha dirigido a este manifestando su protección al rey mosquito para la ocupación del terreno, desde el Cabo de Honduras hasta el río de San Juan, por ahora. – LINDO. – Cumplido.

Es conforme su original que se haya en el Archivo de mi cargo, de donde ha sido sacada fielmente esta copia, en Tegucigalpa, a dos de noviembre de mil ochocientos noventa y nueve.

Archivo Nacional de Honduras. – Tegucigalpa.

G. Guardiola,
Director del Archivo Nacional

PÁRRAFOS

de la Memoria dirigida por el Ministro de Relaciones de Nicaragua a la Asamblea Constituyente del mismo Estado

---

Asamblea Constituyente:

El más delicado, el más grande y trascendental asunto que se ha presentado en Nicaragua, el de la integridad de su territorio y de su soberanía, viene hoy a vuestro ilustrado y alto conocimiento. Bien sabéis: que no es de la clase de aquellos que reglamentados por leyes secundarias están sujetos al imperio de la legislación ordinaria; él está basado en los artículos 2° y 4° de la Carta Fundamental del Estado; y su manera de existir políticamente, es un preliminar esencial e indispensable en la nueva organización que vais a darle.

¿Continuará siendo una parte integrante del Estado de Nicaragua la que le corresponde en la costa del Atlántico inclusive el puerto de San Juan, o dejará de serlo por derecho? ¿Se reconocerá a la tribu mosquito errante por el mismo litoral, como un reino, y a su jefe como rey? He aquí el problema, cuya solución os compete exclusivamente: antes de acordar una constitución, es preciso saber cuál es el país a que debe adaptarse; y para esto es imprescindible una previa declaración de su soberanía y territorio; así lo ha practicado todos los legisladores constituyentes; y puesto que en vos está depositado este poder, de él como de su frente se deriva la facultad con que debéis resolver esta cuestión.

Consecuentes a estos legales principios de interés común y solemnes declaratorias, los Estados de Costa Rica y Nicaragua, el 1° en el artículo 15 del capítulo 2° de su Constitución de 21 de enero de 1825, y el 2° en el capítulo 1° artículo 2° de su Carta Fundamental del 22 de abril de 1826, decretaron (Costa Rica) "El territorio del

Estado se extiende por ahora de O. a E. desde el río del Salto que lo divide del de Nicaragua hasta el río de Chiriquí término de la República de Colombia, y norte sur de uno a otro mar, siendo sus límites en el del norte la boca del río San Juan y el Escudo de Veraguas, y en el del sur la desembocadura del río de Alvarado y la del Chiriquí". (Nicaragua) "El territorio del Estado comprende los partidos de Nicaragua, Granada, Masaya, Managua, Matagalpa, Segovia, León, Subtiava y el Realejo; sus límites son por el Este el mar de las Antillas; por el Norte el Estado de Honduras; por el Oeste el golfo de Conchagua; por el Sur el océano pacífico; y por el Sudeste el Estado libre de Costa Rica".

Por manera que sin perjuicio del justo señalamiento de la línea divisoria entre estos dos Estados limítrofes, ambos acordes declararon fundamentalmente, que de Norte a Sur conservan los mismos límites de la demarcación de la "Ley de Indias"; la mar del Norte por el septentrión, y por el mediodía la del sur.

Así es que por una derivación natural, legítima y congruente continuó siendo parte integrante del Estado de Nicaragua, la que le corresponde en la costa del Atlántico, en que los agentes ingleses suponen a los indios mosquitos un territorio exclusivo **desde el Cabo de Gracias a Dios** hasta la margen septentrional del río San Juan de Nicaragua en su desembocadura al mismo mar donde forma la bahía y puerto de este nombre a los 10° 56′ 37" lat. N. 83° 43′ 14" long. O. de Greenwich.

En virtud de estos derechos de propiedad, y del uti possidetis romano que como un principio regulador adoptado por el derecho continental americano de conformidad con el de gentes, es la garantía más sagrada de la posesión civil y natural de este Estado en la misma costa y puerto de S. Juan del Norte, aun después de separado del pacto federal, la confirmó terminante y solemnemente en su Constitución de 12 de noviembre de 1838, artículo 2°. – **"El territorio del Estado es el mismo que antes comprendía la Provincia de Nicaragua:** sus límites son por el Este y Nordeste el mar de las Antillas; por el Norte y Noreste del Estado de Honduras; por el Oeste y Sur el mar pacífico; y por el Sudeste el Estado de

Costa Rica. Las líneas divisorias de los Estados limítrofes, serán demarcadas por una ley que hará parte de la Constitución".

Resolved, pues, ilustre y honorable Asamblea Constituyente, resolved el presente problema. ¿Continuará siendo una parte integrante del Estado de Nicaragua la que le corresponde en la costa del Atlántico inclusive el puerto de San Juan, o dejará de serlo por derecho? ¿Se reconocerá a la tribu mosquito errante por le mismo litoral, como un reino y a su jefe como rey? O trazad al Supremo Gobierno la conducta que debe observar en este ingente negocio; debiendo haceros presente, que entre tanto no le es dado seguir otra que la que le señala la Constitución. Vos, Sr., resolveréis conforme a la justicia y a la conveniencia universal.

León, diciembre 25 de 1847.

(F.) PABLO BUITRAGO

CIRCULAR

dirigida por el ministro de Relaciones Exteriores de Nicaragua a los Gobiernos de Europa

———

Ministerio de Relaciones Exteriores del Supremo Gobierno del Estado de Nicaragua.

D. U. L.

Casa de Gobierno: Granada, marzo 16 de 1848.

A Su Excelencia el señor ministro de Relaciones Exteriores de S. M. el rey de los franceses.

Como las noticias y especies que correrán por todas partes sobre el convenio que en 7 del corriente ha firmado el Gobierno de este Estado con el caballero Granville G. Lock, comandante de las fuerzas navales de S. M. B., sobre el río de San Juan de Nicaragua en punto a la ocupación del puerto del mismo nombre, pueden contribuir de algún modo a que se justifiquen las violencias que sobre este país han ejercido sus injustos agresores, extraviando la opinión pública de la culta Europa, el director del Estado de Nicaragua se estima interpelado por su deber para no guardar silencio con relación a estos sucesos y dar a los soberanos del mundo, y en especial a vuestro Augusto Monarca, un pleno conocimiento de todos los hechos, para que informado de sus detalles forme el juicio exacto e imparcial que sugiere la justicia y el interés bien entendido de las naciones. Tal es el motivo y objeto con que el director del Estado me ha ordenado dirigir a V. E. la exposición que contiene la presente carta.

En 844, un buque de guerra del servicio de S. M. B. condujo a las costas del Norte de este Estado al señor Patricio Walker en calidad de cónsul general cerca del jefe de las tribus mosquitas, a quien impropiamente denominan rey, cuya residencia se fijó desde entonces en Blewfields. Este acto que por sí solo revelaba la tendencia del Gabinete inglés a apropiarse todo el litoral de la costa llamada de Mosquitos, alarmó como era natural a los pacíficos habitantes del Estado; y nuestro ministro plenipotenciario acreditado en esa Corte, correspondiendo a la alta confianza con que se le había honrado, dirigió a Londres en 25 de septiembre del mismo año de 844, una reclamación que insertó a V. E., desde Bruselas, con una protesta análoga al asunto. V. E. me permitirá le recomiende ahora la lectura de aquella pieza, en la que se demuestra con razones incontestables de hecho y de derecho el título con que Nicaragua ha poseído, usado y gozado siempre todo el territorio que se comprende entre los límites del cabo Gracias a Dios y la línea que separa a este Estado del de Costa Rica.

Establecido al señor Walker en Blewfields, se constituyó en regente del pretendido rey, no por la minoridad de la persona a quien él miso hizo dar después el cetro y la investidura real; y participó a los Gobiernos de Centroamérica y al de este Estado en particular la misión que tenía de parte de S. M. B. para defender los derechos de aquél como si fuese un soberano independiente, bajo la protección de su Gobierno. El mío se denegó a reconocer el carácter del señor Walker, por cuanto no había sido acreditado oficialmente cerca de este Gabinete, ni la Corte de Londres había declarado su intención con respecto a las cuestiones que un agente, acaso intruso, venía a suscitarnos, y aunque hubiera querido arrojarlo de Blewfields, no se hallaba en actitud de hacerlo en circunstancias en que la Hacienda de Nicaragua, agotada en los gastos de una guerra intestina, necesitaba de un periodo de paz para convalecer del miserable estado a que la había reducido tan deplorable azar.

Al favor de estas circunstancias, el cónsul general de S. M. B. en Guatemala, mister Federico Chatfield, dirigió una comunicación por la cual declaraba: que el jefe de las tribus mosquitas había sido coronado en Jamaica, con las ceremonias de costumbre, y que el

Gobierno de Su Majestad prestaría en todo tiempo su poderoso apoyo para dirimir las cuestiones, que respecto a los límites territoriales, pudiesen ocurrir entre la Nación Mosquita y el Estado de Nicaragua. Pero mi Gobierno, procediendo en todo con la moderación y circunspección que se había impuesto para no dar motivos al de la Gran Bretaña para justificar su conducta, contestó al señor Chatfield, que aunque no había reconocido, ni le era posible reconocer en capacidad de nación las pocas y pequeñas tribus selváticas de Mosquitos, como por medio de su ministro plenipotenciario en París lo había declarado en septiembre de 844, cuya exposición se le remitió en copia, estaba dispuesto a tratar este negocio de una manera amigable. El señor Chatfield no volvió a hablar más sobre este asunto; y mi Gobierno poseído de la mayor confianza, esperaba con ansias que el Gobierno británico, haciendo la debida justicia a Nicaragua, procuraría en lo sucesivo un orden de cosas más satisfactorio para este Estado y para los intereses comerciales de todas las naciones que con él se hallan en relación.

Mas esta justa esperanza fue sin embargo frustrada. Los notorios sucesos ocurridos después, han hecho conocer que lejos de adelantar la época tan deseada de un arreglo pacífico, la Inglaterra no ha hecho sino aplazarla, y alejar más su logro, empleando los medios de la violencia y de la fuerza para obtener lo que por medio de una negociación no había sido fácil conseguir.

El 25 de octubre del año próximo pasado, el señor Jorge Hogdson con el título de antiguo consejero de S. M. M. intimó a los empleados del Estado que residían en el puerto de la boca del río de San Juan, un ultimátum por el cual declaraba, "que si el primero de enero siguiente no estaba evacuado aquel lugar, se tomarían medidas fuertes para hacer que se verificase". Tal intimación hecha por un hombre desconocido, a nombre de un Gobierno quimérico, y a la sazón en que el Gobierno de Nicaragua había manifestado a los agentes ingleses acreditados en el país, su sincero deseo de tratar pacíficamente la cuestión, y de conservar la armonía y buena inteligencia con la Gran Bretaña, no merecía que fuese obsequiada, mayormente cuando cualquiera condescendencia, a este respecto, hubiera cedido en mengua de la dignidad del Estado, y en perjuicio de sus justos derechos. Ni era de creerse que el Gobierno de la Gran Bretaña, que ha ostentado siempre un espíritu de moderación y de respeto a los derechos y posesiones de los Estados independientes, consintiese y apoyase una empresa que violaba abiertamente los derechos perfectos del Estado, elevando a las tribus nómades de Mosquitos a un rango a que no aspiran por su absoluta incapacidad, con la humillación de un Estado libre, cuya independencia ha reconocido el mismo Gabinete británico en muchos y repetidos actos.

Sin embargo, el primero de enero del presente año, el Sr. Walker protegido de un buque de guerra inglés, arribó al dicho puerto de San Juan con el fin de tomar posesión en nombre del "Rey Mosquito". La fuerza que allí había puesto mi Gobierno no era bastante para resistir, pues no tenía otro objeto que cuidar de los intereses que el comercio deposita en los almacenes del Estado; y el señor Walker abusando de la superioridad de las suyas, arrió con demostraciones oprobiosas e inusitadas el pabellón de la República para sustituirlo con el desconocido de los mosquitos, sin atacar las proposiciones de paz que le dirigiera un comisionado especial que el Gobierno de Nicaragua había nombrado con el objeto de proceder a arreglos equitativos.

En esta situación fue ya indispensable fortificar el río de San Juan, para impedir los avances sucesivos y recuperar por las armas lo que en orden de ellas se había arrebatado al Estado. En efecto; el 9 del mismo enero, fue reivindicado el puerto por las fuerzas de Nicaragua, en cuyo acto se tomaron dos prisioneros y algunas otras pequeñas bagatelas de los invasores; pero a pesar de esta victoria, mi Gobierno no deseaba menos la adopción de medios pacíficos, guardando siempre las debidas consideraciones a la potencia de donde emanan todas estas dificultades, y los miramientos a que es acreedor un país como Nicaragua, despedazado ya tantas veces por convulsiones y calamidades de todo género. El enemigo de nuestro reposo y de nuestro bienestar, no obraba así; todos sus conatos se dirigían a emplear la coacción y la violencia, sin atender a la razón ni detenerse en medios por reprobados que ellos fuesen. El 12 del que cursa el señor Granville G. Lock, comandante del buque de guerra "Alarma" del servicio de su M. B., atacó la batería de la Trinidad, situada sobre el río de San Juan de Nicaragua, en la confluencia del Sarapiquí, y por uno de esos azares que no están al alcance de la previsión humana, logró dispersar las fuerzas que guardaban aquel punto y ocupó todo el curso del río hasta el fuerte de San Carlos que está sobre la costa Oriental de este Gran Lago, haciendo algunos prisioneros y tomando rehenes al administrador de la Aduana, al gobernador militar de aquel establecimiento y a otros empleados del Estado, que allí pasaban pacíficamente.

Dueño ya de este punto que domina, puede decirse así, esta ciudad, la de Rivas y otras poblaciones pequeñas que se encuentran a las márgenes del mismo Lago, hizo el reclamo de los prisioneros y demás cosas tomadas en San Juan, exigiendo una satisfacción por los ultrajes que creía haberse inferido a la bandera británica el 9 de enero, y la seguridad de que los habitantes de San Juan no serían en lo sucesivo inquietados, y manifestando que sobre estos puntos estaba dispuesto a entrar en arreglos equitativos.

Mi Gobierno, que no estaba preparado para un rompimiento con las fuerzas británicas; que había manifestado constantemente su disposición a tratar de una manera armoniosa toda cuestión respecto a San Juan; que poseía ideas eminentemente elevadas del Gabinete de San James; y que creía llegada la hora de que se le hiciese justicia por sus agentes, recibió la invitación del comandante inglés con bastante placer y no dudó en someterse a aquella necesidad imperiosa, prestándose a los medios de un fácil y pronto acomodamiento. Mandó, pues, tres comisionados a oír las proposiciones del señor Granville, con poderes bastantes para ajustar un armisticio, o bien las bases sobre que pudiera arreglarse un tratado definitivo con la Gran Bretaña. El comandante Granville conferenció con nuestros comisionados; pero se consideró sin instrucciones para celebrar ningún convenio que no fuese sobre la base que había propuesto, base que destruía por descontado los cálculos y los deseos del director del Estado, puesto que no se dirigía sino a imponer el reconocimiento de los mosquitos en calidad de Nación, y a su jefe como rey legítimo de tal monarquía.

En vista de una declaración tan terminante y precisa, los comisionados del Gobierno no dudaron que había de ser un tiempo enteramente perdido, el querer fundar proposiciones cualesquiera que fuesen, sobre bases que el comandante inglés desechaba de una manera irrevocable; y en este lance creyeron conveniente, en obsequio de la paz, firmar el tratado que me hago la honra de acompañar en copia con el número 1°.

Visto y examinado por mi Gobierno con el informe de los mismos comisionados, comprendió que no le quedaba por cumplir otro oficio, como padre y protector de sus pueblos, que el de preservar a estos de los peligros y calamidades de una guerra provocada por la obstinada ceguedad y culpable ambición de unos pocos individuos ingleses, y tomó la resolución, a su pesar, de ratificarlo, para mientras se resuelve la cuestión por medio de un tratado definitivo con la Gran Bretaña, dirigiendo en seguida al Gabinete de Londres la declaración y protesta, que también acompañó en copia con el número 2°.

De todo esto es muy fácil inferir que la adhesión a todo lo que se ha exigido por el comandante de las fuerzas británicas, no ha sido más que puramente provisional, y que no ha tenido otro objeto que el de evitar al Estado las desgracias de que no hubiera bastado a preservarlo la justa resistencia que tenía derecho a oponer, siendo por otra parte notorio, que hemos sido sorprendidos por un ataque imprevisto que no debíamos esperar de una potencia a quien no solamente no le ha dado motivos de queja, sino que aún se ha considerado amiga de Nicaragua, y con quien nos hallábamos en medio de una paz profunda.

Así que el director de Nicaragua quiere hacer conocer a todas las potencias del mundo, según su honor y el deber lo exigen, la injusticia con que respecto a esta cuestión han procedido los agentes británicos y la falsedad de los motivos alegados por ellos, para obrar hostilmente contra un Estado, que no ha empleado otros medios de defensa que los de la razón y la justicia...

Y cierto de las simpatías que la justa causa de Nicaragua excitará en el noble y magnánimo corazón de vuestro augusto soberano, se hace un deber declarar: que si los designios de la Inglaterra fuesen apoderarse de todo el litoral de Mosquitos y puerto de la boca del río de San Juan, y con tal objeto se denegase a celebrar un tratado definitivo, cual está estipulado en el artículo 6° del de "Cuba", bajo la mediación de una de las altas potencias de Europa, el Estado no consentirá jamás en la desmembración de la más pequeña parte de su territorio, ni aceptará ninguna indemnización, ni equivalente que se le quiera ofrecer por él; y para asegurar contra estos pasos los bien fundados derechos que le pertenecen, protesta contra las consecuencias que podrían resultar de cualquiera medida que tienda a menoscabárselos, reiterando al mismo tiempo la declaración que el señor Francisco Castellón, ministro plenipotenciario del Estado, hizo a esa Corte en su nombre, en septiembre de 844, y la que posteriormente dirigió en 848 a V. E., el señor J. de Marcoleta, su encargado de Negocios cerca de las Cortes de Bélgica y Holanda.

Después de lo cual, mes es muy honroso poder expresar a V. E. los sentimientos de respetuoso afecto y alto precio con que me firmo de V. E. obediente y humilde servidor.

(F.) S. SALINAS.

Conforme. – (L. S.) Granada, mayo 22 de 1848.

(F.) SALINAS.

Es conforme con su original, que se halla en el Archivo de mi cargo, de donde ha sido sacada fielmente esta copia, en Tegucigalpa, a dos de noviembre de mil ochocientos noventa y nueve.

Archivo Nacional de Honduras. – Tegucigalpa.

G. Guardiola,
Director del Archivo Nacional.

PÁRRAFOS

del Manifiesto del Supremo Director del Estado de Nicaragua a los Gobiernos de América

———

El director supremo del Estado de Nicaragua,

A los Gobiernos de América:

Como las noticias y especies que correrán por todas partes sobre el convenio que en 7 del corriente ha celebrado el Gobierno de este Estado con el Sr. Granville G. Lock, comandante de las fuerzas navales de S. M. B. sobre el río de San Juan de Nicaragua en punto a la ocupación del puerto del mismo nombre[*], pueden contribuir de algún modo a que se justifiquen los hechos que sobre este país han ejercido sus injustos agresores, extraviando la opinión pública en los otros países; el director del Estado de Nicaragua tiene a bien escribir el presente manifiesto, con relación a estos sucesos para dar un pleno conocimiento de todos ellos a fin de que se forme el juicio recto e imparcial que sugieran la justicia y el interés bien entendido de las naciones.

En 844 un buque de guerra del servicio de S. M. B. condujo a las costas del norte de este Estado al Sr. Patrick Walker en calidad de cónsul general de aquel Gobierno, cerca del jefe de las tribus mosquitas, a quien impropiamente denominan rey; cuya residencia se fijó desde entonces en Blewfields. Este acto que por sí solo revelaba lo que había de suceder después, alarmó como era natural a los pacíficos habitantes del Estado; y nuestro ministro plenipotenciario acreditado en la Corte del París, correspondiendo a la confianza con que se le había honrado, dirigió a la de Londres, en

———

[*] Se refiere al tratado de la isla de Cuba-Nicaragua – fecha 6 de marzo de 1848.

25 de septiembre del mismo año de 844 una declaración y protesta análoga al asunto *, en la cual se demuestra con razones incontestables de hecho y de derecho el título con que Nicaragua ha poseído, usado y gozado siempre todo el territorio que se comprende entre los límites **del Cabo de Gracias a Dios**, y la línea que separa a este Estado del de Costa Rica.

Al favor de estas circunstancias, el cónsul general de S. M. B. en Guatemala Mr. Federico Chatfield, dirigió una comunicación por la cual declaraba: que el jefe de las tribus mosquitas había sido coronado en Jamaica, con las ceremonias de costumbre; y que el Gobierno de S. M. B. prestaría en todo tiempo su poderoso apoyo para dirimir las cuestiones que, respecto a los límites territoriales, pudiesen ocurrir entre la supuesta nación mosquita Y EL Estado de Nicaragua. Pero el Gobierno, procediendo en todo con la moderación y circunspección que se había impuesto, para no dar motivos que justificasen la conducta de los súbditos británicos, contestó al señor Chatfield, que aunque no había reconocido ni le era posible reconocer en capacidad de nación las pocas y pequeñas tribus selváticas de mosquitos como, por medio de su ministro plenipotenciario en París, lo había declarado en septiembre de 844, cuya exposición se le remitió en copia, estaba dispuesto a tratar este negocio de manera amigable...

Y para asegurar contra estos pasos los bien fundados derechos que al Estado le pertenecen, este Gobierno protesta a la faz del mundo contra las consecuencias que podrían resultar de cualquiera medida que tienda a menoscabárselos, **reiterando como reitera solemnemente, la declaración que el Sr. Ministro plenipotenciario del Estado hizo a las Cortes de Europa en su nombre en septiembre de 844.**

Granada, marzo 20 de 1848.

(F.) JOSÉ GUERRERO.

---

* Se refiere a la nota fecha 25 de septiembre de 1844, dirigida por don Francisco Castellón, ministro plenipotenciario de Nicaragua, al de RR. EE. de la Gran Bretaña.

DECRETO

nombrando a don Francisco Castellón y don José de Marcoleta encargados de Negocios cerca de los Gobiernos de la Gran Bretaña y República Francesa.

El vicepresidente en quien reside el Supremo Poder Ejecutivo del Estado de Honduras;

Considerando la gran necesidad que hay de hacer reconocer ante el Gobierno de Su Majestad Británica y el de la República Francesa, nuestra independencia y el incuestionable derecho que Honduras tiene a una gran parte de la costa del Norte, llamada Mosquito; teniendo presente que este fin no podrá conseguirse si no es acreditando a una persona que represente al Gobierno del Estado cerca de aquellos; y considerando que el de Nicaragua está convenido en adoptar igual medida,

DECRETA:

Artículo 1°. – Nómbranse encargados de Negocios cerca del Gobierno de Su Majestad Británica y el de la República Francesa a los señores licenciado don Francisco Castellón y don José de Marcoleta para que, ya sea de acuerdo los dos, o por si cada uno de ellos en caso de impedimento de alguno, recaben el reconocimiento de nuestra independencia, traten y arreglen la cuestión promovida contra el Estado sobre el inmemorial derecho de posesión que tiene en una gran parte de la costa del Norte llamada Mosquito; como así mismo los demás negocios que son encargados de arreglar, de conformidad con las instrucciones que por separado se les comunicarán.

Artículo 2°. – El secretario del Despacho de Relaciones Exteriores dispondrá lo necesario a su cumplimiento, mandándolo imprimir, publicar y circular a quienes corresponda.

Dado en la ciudad de Comayagua en la Casa del Gobierno, a 14 de septiembre de 1848.

(F.) FELIPE BUSTILLO

Al licenciado señor José Francisco Zelaya, ministro general del Gobierno.

(F.) JOSÉ FRANCISCO ZELAYA

Es conforme con su original que se halla en el Archivo de mi cargo, de donde ha sido sacada fielmente esta copia, en Tegucigalpa, a dos de noviembre de mil ochocientos noventa y nueve.

Archivo Nacional de Honduras. – Tegucigalpa.

G. Guardiola,
Director del Archivo Nacional.

NUEVAS INSTRUCCIONES que de orden del S. P. E. del Estado Soberano de Honduras se dirigen al señor don José de Marcoleta, ministro encargado de Negocios Extranjeros cerca del Gobierno de la República francesa y de otros de Europa por el Estado de Nicaragua y por este.

––––––

Art. 1°. – Iniciará a los Gobiernos referidos, y principalmente al de la República francesa, un tratado de amistad y comercio fundado en bases recíprocas atendido el estado actual de nuestro mercado y marina, que es el de una completa nulidad, por cuya razón es preciso un equilibrio extraordinario al tratarse de esta materia.

Art. 2°. – En dicho tratado o tratados debe solicitarse por el Encargado de Negocios de Nicaragua y Honduras el reconocimiento expreso de la independencia de estos Estados, pues aunque tácitamente se haya hecho por los Gobiernos que han recibido a aquel funcionario diplomático, es de un interés vital para Honduras obtener dicho reconocimiento de una manera explícita.

Art. 3°. – Propondrá a los Gobiernos supradichos y a las compañías o casas de empresas, la formación de colonias en las costas del Norte de Honduras, en las cuales se halla en abundancia el brasil, la caoba, el cedro, el granadillo y otras preciosas maderas finas y de construcción como también las productoras de gomas y bálsamos muy preciosos y cuya posesión será para los colonos de una importancia incalculable; debiendo, para verificar una o varias contratas sobre este punto, contraerse a ofrecer estos terrenos que son de una fertilidad sin igual para las expresadas colonias, con las condiciones de ponerse precisamente bajo las leyes del Estado, y pagar por la posesión y propiedad de los terrenos lo que las mismas leyes exigen a los ciudadanos naturales. Dichas contratas, antes de proceder a su cumplimiento, serán ratificadas por el Gobierno de Honduras.

Art. 4°. – En el caso de que la circunstancia de no estar a la vista los terrenos sobre que deben plantearse las colonias, presente alguna dificultad a los empresarios para calcular las bases o principios bajo los cuales deben formar su contrato, puede el encargado iniciar con cada uno de ellos un preliminar que les asegure la formación de un contrato de cualquier naturaleza con el Gobierno de Honduras sobre la posesión y propiedad de dichos terrenos, siempre sentando el principio de obediencia a las leyes del país que todos los naturales respetan y obedecen, por ser necesario este requisito para obtener el goce de los derechos que aquellos disfrutan.

Art. 5°. – Siendo el ramo principal del Estado la minería y cuyo patrimonio, aun sin los elementos necesarios para la elaboración, produce una introducción de capital, aunque en efecto, de bastante consideración, puede el señor encargado de negocios invitar a los grandes capitalistas a compañías de industria a fin de que manden agencias a este Estado para que presencien la sorprendente riqueza que en oro, plata, piedras preciosas y otros metales, encierra este hermoso país, y la facilidad con que se explotan las pocas minas que se elaboran por los naturales; pudiendo ofrecerlas bajo las mismas reglas que estos los trabajan, si como ellos se someten a las leyes y obtienen carta de ciudadanía.

Art. 6°. – Puede también iniciar entre las compañías o casas de comercio una contrata de tabaco en rama, puesto en el puerto de Omoa, en el Golfo de Honduras, en el Atlántico, en la cantidad que se quiera, con tal que se verifique un año antes del recibo de aquel efecto para que haya tiempo de elaborarlo, porque con motivo del ningún pedido extranjero de él, solo se beneficia el necesario al consumo de estos Estados.

Art. 7°. – Debe reclamar del Gobierno británico la ocupación que de las costas del Norte de este Estado han hecho algunos ciudadanos de Jamaica, so pretexto de alianza o protección a la tribu salvaje de Mosquitos que habita aquellos bosques, a la cual se ha querido dar el título de nación soberana, y a su caudillo el de rey aliado y amigo de la reina Victoria, para de esta manera extraer las producciones preciosas de aquellas montañas. Para esto debe presentar los mismos argumentos, los mismos alegatos y documentos que el Supremo Gobierno de Nicaragua opone, pues es una sola causa, porque la usurpación abraza la costa del mar Atlántico en ambos Estados. **Las posesiones inglesas en Honduras se hallan en los puntos de la Criba, Cabo Gracias a Dios, Punta de Piedra y otros puntos abrazados por los dichos.**

Art. 8°. – Tanto a las compañías industriales, como a los propietarios emprendedores, manifestará: que para la extracción de todas las ricas producciones del Estado de Honduras son necesarios caminos y canales bien construidos; que los ríos Ulúa, Chamelecón, Aguán, Humuya y otros proporcionan para lo último una gran facilidad por el caudal de aguas que poseen y por lo mucho que se prolongan al interior del Estado. Que el Gobierno desea entrar en contratas para su apertura y conservación, para cuya recompensa ofrece a los empresarios por un término convenido, un derecho de peaje y pasaje por los caminos y canales que construyan, el cual será convenido en la contrata que se haga.

Art. 9°. – Puede por último manifestar a los Gobiernos y particulares que el Estado de Honduras posee una inmensa riqueza en la producción de los tres reinos; que están vírgenes sus montañas, tanto en sus vegetales como en sus fósiles, porque la ninguna industria ha impedido el cultivo y elaboración que necesitan; y que el Gobierno las ofrece a los industriosos bajo las garantías y gravámenes que ofrecen e imponen las leyes.

Art. 10°. – Como de las leyes fundamentales, de las que arreglan la enajenación de las tierras baldías, de las de minas y de todas aquellas que imponen deberes y dan garantías al ciudadano hondureño se remiten copias auténticas al encargado de Negocios, con ellas puede instruir a los colonos o contratistas, sean de la clase que fueren, de las ventajas y obligaciones consiguientes a cualquiera contrato que verifique.

Comayagua, octubre 14 de 1848.

(F.) FELIPE BUSTILLO.

(F.) José Francisco Zelaya

Es conforme con su original que se halla en el Archivo de mi cargo, de donde ha sido sacada fielmente esta copia, en Tegucigalpa, a dos de noviembre de mil ochocientos noventa y nueve. Archivo Nacional de Honduras. – Tegucigalpa.

G. Guardiola, Director del Archivo Nacional

COMUNICACIÓN

del ministro de Relaciones Exteriores del Estado de Nicaragua al de igual título del Estado de Honduras.

———

D. U. L.

Casa de Gobierno: León, octubre 2 de 1848

Señor ministro de Relaciones del Supremo Gobierno del Estado de Honduras.

He recibido y puesto en conocimiento del director supremo de este Estado la apreciable comunicación de Ud. de 14 de septiembre próximo anterior, con que acompaña copia legalmente autorizada del decreto emitido por ese Supremo Gobierno en la fecha citada, nombrando encargado de Negocios cerca del Gabinete inglés y del de la República Francesa, a los señores Francisco Castellón y José de Marcoleta, a efecto de que recaben el reconocimiento de nuestra independencia y arreglen las cuestiones pendientes sobre nuestro territorio. Mi Gobierno celebra como debe este paso grande dado por el de Honduras, su amigo y hermano, y se congratula de que los señores Castellón y Marcoleta, hayan merecido su alta confianza que ellos seguramente sabrán corresponder con la dignidad y decoro que les caracteriza.

Soy del señor ministro, con todo placer, muy obediente y seguro servidor.

(L. S.) (F.) S. SALINAS.

Es conforme con su original que se halla en el Archivo de mi cargo, de donde ha sido sacada fielmente esta copia, en Tegucigalpa, a dos de noviembre de mil ochocientos noventa y nueve.

Archivo Nacional de Honduras. – Tegucigalpa.

G. Guardiola,
Director del Archivo Nacional

————

"Casa de Gobierno, León, julio 18 de 1850

Señor ministro de Relaciones del Supremo Gobierno de Honduras.

El supremo director del Estado me ha prevenido decir a Ud. que pareciéndole seguro el que se logren inmensas ventajas para los tres Estados aliados y hermanos con el nombramiento de ministro plenipotenciario y enviado extraordinario hecho en la persona del señor José de Marcoleta, y en su defecto en la del señor don Ignacio Gómez será conveniente a la mayor respetabilidad e importancia de las negociaciones que los Gobiernos respectivos confieran a dichos señores igual autorización y plenos poderes que Nicaragua, y les subministren a proporción los fondos precisos para el desempeño de su cargo. Como no duda mi Gobierno que el del Estado de Honduras, tan anuente siempre a todo lo que atiende a la conservación de los inviolables derechos del pueblo que dignamente preside, contribuirá al buen éxito de esta importante Legación, me ha dado orden de acompañar a Ud. copia de las instrucciones conferidas a los delegados, para su inteligencia y demás efectos.

Dignase el señor ministro poner lo expuesto en el alto conocimiento del Supremo Gobierno de Honduras; y comunicar la resolución que este emita, a su obsecuente y humilde servidor.

D. U. L.

(F.) S. SALINAS".

INSTRUCCIONES conferidas al señor José de Marcoleta, ministro plenipotenciario y enviado extraordinario del Supremo Gobierno del Estado de Nicaragua cerca del de S. M. la Reina de España.

———

1ª. – Autorizado el Gobierno de la Monarquía Española por las Cortes Generales en 836, para que, no obstante los Artículos 1°, 172 y 173 de la constitución política promulgada en Cádiz en 812, pudiese concluir tratados de paz y amistad con los nuevos Estados de la América Española, sobre la base del reconocimiento de su independencia y renuncia de todo dro. territorial o de soberanía por parte de la antigua Metrópoli, el señor Marcoleta ajustará el reconocimiento de la independencia del Estado Soberano de Nicaragua, procurando la cesión expresa en nuestro favor de los dros, que la España haya adquirido por soberanía o por tratados con respecto a nuestro territorio y a la promesa de aquella Nación se interesará en que se cumpla dicha cesión y se respeten nuestros derechos.

2ª. – El señor Marcoleta al celebrar con la España tratados de amistad, comercio y navegación, tendrá presente el Artículo 36 del contrato sobre canal de 27 de agosto de 1849, pues según él "será permitido a los buques, productos, artículos manufacturados, y a los ciudadanos de todas las Naciones, pasar por el canal, sujetos a los mismos dros, e impuestos que los que se establezcan respecto de los Estados Unidos, siempre que dichas Naciones entren primero en los tratados, estipulaciones y garantías que en adelante se hagan entre los Estados Unidos y Nicaragua, respecto del canal". Este Artículo no prohíbe el que se hagan tratados con ninguna Nación, pero las condiciones con que ha iniciado los suyos la República del Norte siempre son ventajosos para sus hijos a cambio de otras obligaciones; y si Nicaragua tratase con la España u otra potencia fuera de aquel nivel, faltaría a la regularidad e igualdad con que deben tratarse todas las Naciones.

3ª. – El reconocimiento de la independencia la solicitará el señor Marcoleta bajo los expresos límites de las leyes del antiguo reino de Guatemala, que son por el Este y Nordeste el mar de las Antillas desde el río de Reventazones **hasta el cabo de Gracias a Dios; por el Norte el río de San Pedro y la sierra situada entre Danlí y Segovia;** por el Noreste el río Guasaule; por el Oeste el Golfo de Conchagua; por el Sur el mar Pacífico; por el Sureste el río del Salto que limita el Estado de Costa Rica.

4ª. – El señor Marcoleta tendrá presente que el Gobierno de Nicaragua ha reconocido los dros. que los españoles tengan por cualquier título en virtud de las transiciones políticas desde 821; y que en consecuencia el Erario del Estado responde con arreglo a las leyes, por las acciones que ellas puedan representar por testamentarías, montepíos militares y de Hacienda, cuyos pagos están en corriente; y que debe prescindirse de toda indemnización, por edificios y otros intereses y derechos que antes del pronunciamiento de las Américas correspondían al monarca español, fundado en que los productos de las rentas del Estado eran suficientes aun para que de ellas se hiciesen remisiones, como sobrantes a la metrópoli. Todos los arreglos que concluya el señor Marcoleta serán bajo la precisa calidad de sujetarlos a la ratificación del Poder Legislativo del Estado.

Dado en León, a 9 de julio de 1850.

(F.) NORBERTO RAMÍREZ

Conforme. – León, julio 18 de 1850

(F.) SALINAS

COMUNICACIÓN

de la Legación de S. M. B. en Guatemala al Ministerio de Relaciones Exteriores del Estado de Honduras.

Señor ministro de Relaciones del S. G. del Estado de Honduras. – Comayagua.

Legación de S. M. B.: Guatemala, 5 de diciembre de 1850.

Eludidas sistemáticamente, o más bien desechadas por el Gobierno de Honduras las frecuentes propuestas que a nombre de S. M. la Reina de la Gran Bretaña e Irlanda, en representación del rey de mosquitos, se han hecho a la República de Honduras con el fin de determinar por medio de un arreglo formal, los límites entre los dominios del expresado rey de mosquitos, y los territorios de la República de Honduras, S. M. B. ha creído que la conveniencia o interés de ambas partes exigen que este punto no quede por más tiempo sin fijarse, y como una prueba del espíritu conciliador que anima a S. M. B. sobre este particular, se ha resuelto a declarar que las fronteras del territorio mosquito, por la parte que linda con Honduras, se considerarán ser las mismas que marcaban aquel reino el 15 de septiembre de 821 en que Honduras como parte del antiguo reino de Guatemala, se hizo independiente de la monarquía española. Fijada esta base queda determinada la situación respectiva de los dos países, conforme a las disposiciones civiles y eclesiásticas que han regido en Honduras, una vez que las ciudades y villas que se hallan situadas en la frontera mosquita con autoridades municipales y curas, quedan como hasta aquí y bajo la jurisdicción del Gobierno y autoridades de Honduras. Lo inexacto de los datos geográficos que hay con respecto al interior de Centroamérica, no permite por ahora que se determine la latitud y longitud de los lugares de Honduras a lo largo de su frontera al Este y Nordeste.

Mas las circunstancias exigen la designación de la línea general de límites que el Gobierno de la reina está dispuesto a sostener como territorio mosquito, hasta tanto que el Gobierno de Honduras se preste a entrar en una discusión amigable y nombrar para ello, comisionados que marquen, de una manera permanente, la línea divisora entre ambos territorios. El infrascrito, encargado de Negocios del Gobierno de S. M. B. en Centroamérica, bajo este concepto, tiene el honor de manifestar al señor ministro del Supremo Gobierno del Estado de Honduras que la línea general divisora del territorio mosquito, queda fijada en el cabo de Honduras o punta de Castilla, en longitud occidental de 86° dejando la ciudad de Trujillo unas pocas millas al Poniente, y siguiendo este meridiano, la línea corre al Este o Levante a las orillas de Sonaguera y Olancho viejo, y de allí continúa para los montes que están al Norte del partido de Tegucigalpa hasta donde dicho partido se une a la jurisdicción nicaragüense de la Nueva Segovia.

A fin de evitar cualquiera equivocación o mala inteligencia con respecto a las poblaciones correspondientes a Honduras desde antes de su independencia en 1821, se acompañan dos listas a la presente nota, una formada marcando los distritos para la elección de diputados a Cortés, y la otra de los curatos y sus anexos de la Diócesis de Honduras, los cuales con sus respectivos ejidos y haciendas de dueños particulares con debidos títulos, que se hallan situados en las fronteras al Este y Nordeste de Honduras, es entendido, se considerarán como fuera de los límites de Mosquitia en la frontera de Honduras.

En conclusión, el infrascrito, al expresar que la línea referida es la que se considera como límites entre ambos países, tiene que reiterar que el Gobierno de S. M. B. está resuelto a sostenerla a nombre del rey de Mosquitia, sin dejar por esto de estar dispuesto a negociar y convenir amigablemente con el Gobierno de Honduras, sobre bases estables, el arreglo final de estas cuestiones. El infrascrito aprovecha, etc.

(F.) FEDERICO CHATFIELD.

Es conforme. – Santa Rosa, diciembre 19 de 1850. – Ministro general del Supremo Gobierno del Estado de Honduras.

(F.) CABAÑAS.

Es conforme con su original que se halla en el Archivo de mi cargo, de donde ha sido sacada fielmente esta copia, en Tegucigalpa, a dos de noviembre de mil ochocientos noventa y nueve.

Archivo Nacional de Honduras. – Tegucigalpa.

G. Guardiola,
Director del Archivo Nacional

CONTESTACIÓN del Gobierno de Honduras a la Legación de S. M. B.

Ministerio General del Gobierno Supremo del Estado de Honduras

Casa de Gobierno. – Labor, enero 8 de 1851.
Señor cónsul general de S. M. B. en Centroamérica.

Por la protesta que en copia autorizada tengo el honor de dirigir a U. S., se impondrá que el Gobierno de Honduras está muy distante de reconocer el que U. S. llama reino mosquito. De aquí es que tampoco le conceda la existencia de un terreno que le corresponda y menos que se señale el límite que lo dividiese del resto del Estado. No respetará, pues, el Gobierno de Honduras la posesión que hayan adquirido o adquieran los súbditos ingleses en el territorio de lo que U. S. denomina Mosquitia, mientras su origen no se funde en leyes del Estado, y que los que usurpan sus maderas y extraen otros ramos de riqueza de aquellos terrenos, no deben contar con seguridad ninguna, sino es la que diese el Gobierno de U. S. con la fuerza, pues el de Honduras debe perseguirlos como usurpadores de la propiedad ajena. El señor Welsh celebró un contrato formal y solemne con el Gobierno de Honduras, por el cual se obligó a satisfacerle la cantidad de que U. S. hace referencia. En él se estipuló formalmente que, aun con el remoto caso de que el lugar en que Welsh situó el corte de maderas no perteneciese al Estado, él pagaría la consabida suma. Así es que no podrá rehusarse a verificarlo, ni le será dable encontrar un efugio razonable en que funde su resistencia. Así es como me ha prevenido el señor presidente de Honduras conteste a U. S. su apreciable de 6 del próximo anterior.

Soy del señor cónsul, con todo respeto, su muy atento servidor.

D. U. L.

Por ausencia del ministro, el jefe de sección,

(F.) APOLINARIO FLORES

PROTESTA

que el Gobierno Supremo del Estado de Honduras dirige a los Gobiernos y pueblos de Centroamérica y a los demás del mundo civilizado.

———

Por la comunicación de 5 de diciembre, verá el mundo todo la manera inusitada con que el agente de S. M. B. en Centroamérica, don Federico Chatfield, ha pretendido establecer los términos de la denominada Nación Mosquitia y sus límites con el Estado de Honduras. Hace mucho tiempo que se pretende dar por existente en Centroamérica una nación que ni reconoció la Carta Fundamental de la República, emitida en 824, ni consintió la Constitución peculiar de Honduras, cuyo artículo 4° demarca así su territorio; y contra su tenor no ha podido concluirse arreglo ni convenio de ninguna clase.

La Costa de Mosquitos fue en todo tiempo parte integrante del territorio hondureño, y así lo reconoció la Inglaterra misma por el tratado concluido con España en 1786, y no hay noticia de que antes de la disolución del Pacto Federal, en 1838, se hubiera pretendido jamás hacer de las tribus miserables de zambos y jicaques que habitan aquella costa, un cuerpo de nación que apareciese rivalizando con los Estados que componen esta República. Los zambos y mosquitos han existido como tribus nómades, sin religión, sin poblaciones y sin bandera conocida, vagando siempre en los bosques, viviendo de la caza y de la pesca y reducidos a tal estado de embrutecimiento, que la mayor parte de ellos ni aún nombre tiene para ser distinguidos individualmente. Las costas que han habitado y habitan, despobladas en su mayor parte, no han sido usadas por el Gobierno de Honduras a causa de su clima insano, de la calidad anegadiza del terreno, y sobre todo, de la falta de población del Estado; pero en todo tiempo las ha reputado por de la propiedad y señorío de Honduras. Pueblos muy antiguos existen en los confines de las tierras habitadas y límites de las no habitadas, por la sociedad civilizada del Estado. Estos pueblos han obedecido desde tiempo inmemorial a estas autoridades, y como súbditos de Honduras han estado y están subordinados a sus leyes en todos los ramos; y esto prueba, a no dudarlo, que por ningún título habían de ser comprendidos en la demarcación de La Mosquitia aun cuando los Estados de Centroamérica consintiesen en la existencia de tal nación dentro de su territorio.

Estas razones y multitud de documentos han sido presentados varias veces, con la esperanza de que se deslindará en justicia semejante cuestión promovida por agentes interesados de la Gran Bretaña; pero desgraciadamente no se ha hecho atención a ninguna de ellas, y por fin el cónsul trata de establecer de un modo, el más irregular, la demarcación susodicha, absorbiéndose en ella más de la mitad del territorio de este Estado.

A la vista de tan extraños procedimientos y sin potencia para luchar como era debido para repeler tan escandalosa usurpación, el Gobierno de Honduras protesta solemnemente ante los Gobiernos de Centroamérica y los demás del mundo civilizado, contra la violación de sus derechos, contra la desmembración de su territorio, contra la ocupación de puertos y ríos que le pertenecen y contra todo acto de soberanía y jurisdicción que en ellos se ejerza sin su consentimiento.

Protesta así mismo contra la Gran Bretaña, los perjuicios que se le infieran; y protesta por último elevar sus representaciones ante las naciones civilizadas del mundo, para que cooperen a que se le haga justicia y se terminen en una discusión racional los negocios que pertenecen a Honduras.

Labor, enero 8 de 1851.

(F.) JUAN LINDO.

El jefe de Sección, encargado del Ministerio General,

(F.) A. FLORES

Es conforme con su original, que se halla en el Archivo de mi cargo, de donde ha sido sacada fielmente esta copia en Tegucigalpa, a dos de noviembre de mil ochocientos noventa y nueve.

Archivo Nacional de Honduras. – Tegucigalpa.

G. Guardiola,
Director del Archivo Nacional

ESTADO DE NICARAGUA

Ministerio de Relaciones
del
Supremo Gobierno

Casa de Gobierno. – Managua: julio 3 de 1852

Señor ministro de Relaciones del Supremo Gobierno del Estado de Honduras.

El director supremo me ha dado orden de acompañar a U. S., para conocimiento del benemérito general presidente de este Estado, copia autorizada de la comunicación con que Mr. Kerr permite a este despacho el tratado ajustado en Washington entre Mr. Webster, ministro de Negocios Extranjeros de aquella República, y Mr. Crampton, enviado extraordinario, y ministro plenipotenciario de la Gran Bretaña, estableciendo bases para un arreglo entre Nicaragua, y Costa Rica sobre la cuestión de límites territoriales de que acompaño igualmente copia.

Mi Gobierno ve en estos documentos, conculcados de una manera flagrante los principios de justicia universal que el derecho de las naciones ha consagrado para su mutuo bienestar y felicidad, **y escandalosamente ultrajados los derechos de Honduras y Nicaragua por el hecho de despojarlos de una parte considerable, y la más importante de los territorios que les pertenecen, por muchos y muy sagrados títulos**; sin deducir por las otras partes más que los que da el poder material sobre la sencilla razón: la fuerza sobre la debilidad.

El Gobierno de U. S. comprenderá, a vista de ellos, cuán inminente y grave es el peligro que corren la independencia y libertad de los Estados de Centroamérica en las presentes circunstancias; la ocasión es solemne, y la resolución que se adopte debe ser decisiva. Nicaragua, a la vanguardia de estos sucesos, no dejará por eso de obrar con toda aquella dignidad, firmeza y energía heredades de sus mayores; todo lo sacrificará si fuere preciso, menos el honor, sin el cual no es posible que exista un pueblo libre, ni ocupe el rango que le corresponde entre las demás naciones. Así lo ha protestado el director supremo al dar cuenta a las Cámaras con este incidente; y así viene a protestarlo por mi medio ante el Gobierno oculto de U. S.

Entre tanto, desea que el benemérito general presidente de ese Estado, informado del negocio cuya trascendencia es bien notoria, se digne ilustrarlo con sus consejos, e indicarle, por su parte, cuál será la que tomará en este y en los demás sucesos que de él se originen, atendido el lenguaje importante de que usan los ministros signatarios del tratado en cuestión.

Dígnese U. S elevarlo todo al alto conocimiento de su Gobierno, y comunicarme oportunamente su resolución para inteligencia del mío, aceptando con esta expresión la del afecto invariable que le profeso como su más obediente y humilde servidor.

D. U. L.

(F.) FRANCISCO CASTELLÓN

Es conforme.
Ministro general. – Tegucigalpa: agosto 2 de 1852.

(F.) ALVARADO

Es conforme con su original que se haya en el Archivo de mi cargo, de donde ha sido sacada fielmente esta copia, en Tegucigalpa, a dos de noviembre de mil ochocientos noventa y nueve.

Archivo Nacional de Honduras. – Tegucigalpa.

G. Guardiola,
Director del Archivo Nacional.

TRATADO WEBSTER-CRAMPTON

Los infrascritos, Daniel Webster, secretario de Estado de los Estados Unidos y Juan F. Crampton, enviado extraordinario y ministro plenipotenciario de S. M. B., habiendo tomado en consideración el estado de las relaciones entre las Repúblicas de Costa Rica y Nicaragua relativas a los límites entre aquellas Repúblicas y entre la República de Nicaragua y el territorio disputado por los indios mosquitos; y estando mutuamente deseosos de que se arreglen todas las diferencias pendientes respecto a aquellos cuestiones de una manera amistosa, honorable y definitiva; en nombre de nuestros respectivos Gobiernos recomendamos encarecidamente a los de las Repúblicas Nicaragua y Costa Rica un acomodamiento y arreglo de esta diferencias bajo las siguientes bases:

Art. 1°. – Los indios mosquitos pueden reservarse para ellos del territorio que por lo pasado han disputado u ocupado en la costa oriental de la América Central, un distrito del país y la jurisdicción del mismo que se deslindará como sigue:

A saber: Comenzando en la costa del Mar Caribe, boca del río Rama (lo cual es conforme al mapa de Baily de Centroamérica publicado en Londres en noviembre de 1850), 11° 34" latitud Norte, y 83° 46" longitud Oeste, corriendo de allí Poniente derecho hasta el meridiano de 84° 30" longitud Oeste de Greenwich; de allí Norte derecho sobre el mismo meridiano hasta el río Segovia, Fantasma o Wanks; de allí sobre el mismo río al Mar Caribe; y de allí meridionalmente sobre la costa de dicho mar hasta el lugar del principio. Y todo el resto y remanente del territorio y de los terrenos sitos en la parte Sur u Occidental de dicha reserva hasta aquí ocupada o disputada por los mosquitos referidos inclusive Greytown, la abandonarán y cederán a la República de Nicaragua con toda jurisdicción sobre él; en consideración a la cesión que por un periodo de tres años se les hará de los productos netos de todos los derechos que se impongan y colecten en Greytown, a razón de un diez por ciento ad-valorem sobre todos los efectos que se importen al Estado. Este periodo de tres años comenzará el día que Nicaragua tome formalmente posesión y entre en la ocupación de dicha ciudad; y los referidos productos netos serán pagados por trimestres al agente o agentes que se nombre para recibirlos. Y la mencionada República de Nicaragua conviene por el presente en no malestar en manera alguna a los indios mosquitos ni intervenir dentro del territorio que por este se reserva. Queda también entendido que todas las concesiones de terrenos que hayan sido hechas por dichos mosquitos en aquella parte del territorio mosquito (cedida por el presente a Nicaragua) desde el 1° de enero de 1848, no serán interrumpidas; a no ser que dichas concesiones se opongan a otras concesiones legales hechas con anterioridad a aquella fecha por la España, la Confederación Centroamericana, o por Nicaragua; o a los privilegios u operaciones de las compañías del canal Atlántico o accesoria de tránsito; y no deberán comprender el territorio que el Gobierno de Nicaragua necesite para fortalezas, arsenales, u otros edificios públicos.

Art. 2°. – Queda también entendido que nada en el precedente artículo impedirá la conclusión de un pacto voluntario y arreglo entre el Estado de Nicaragua y los indios mosquitos, por el cual estos últimos pueden ser definitivamente incorporados y unidos al Estado de Nicaragua; quedando estipulado que en este caso los referidos indios mosquitos gozarán de los mismos derechos y quedarán sujetos a los mismos deberes que los otros ciudadanos del mencionado Estado de Nicaragua. La autoridad Municipal y Pública en la ciudad de Greytown será poseída y ejercida por el Gobierno de Nicaragua; pero dicho Gobierno no impondrá ningunos derechos de tonelaje ni otro alguno de importación a los efectos que se introduzcan a Greytown de tránsito al través del Istmo, o para el consumo de cualquiera otro Estado que no sea el de Nicaragua; a no ser un derecho de tonelaje que sea necesario para la conservación del puerto, y para la erección y mantenimiento y almenaras; y ningún derecho para este u otro objeto semejante excederá 12c. tonelada sobre cada buque.

Art. 3°. – Los límites entre las Repúblicas de Nicaragua y Costa Rica comenzarán en la margen Sur del río Colorado, en su confluencia con el mar en la señal que dejan las aguas de la marea alta en dicho río; de allí a lo largo de dicha margen Sur, también en la señal de las aguas en la marea alta hasta la confluencia del Colorado con el río San Juan; de allí a señal de la marea alta a lo largo de la margen Sur de San Juan hasta su origen en el lago Nicaragua; de allí a señal de marea alta a lo largo de la cresta meridional y occidental de aquel lago al punto más cercano de la boca del río "La Flor"; y de allí, por una línea recta trazada desde aquel punto a la boca del mencionado río en el Pacífico. Sin embargo se ha estipulado que Costa Rica retiene el derecho en común con Nicaragua para navegar dichos ríos y lago por medio de buques de vela, bongos o buques a remolque, pero no por medio de vapores; mas este derecho no debe en manera alguna contrariar el primitivo derecho de Nicaragua, o su concesionario para apropiarse las aguas de los ríos y lago referidos para un canal de buques interoceánico o del Mar Cribe al lago mencionado. También queda estipulado que la compañía intitulada "Compañía Americana de Canal de buques Atlántico Pacífico", tendrá el privilegio de colocar en la margen Sur del San Juan cuatro de los apostaderos de derecho o secciones de tierras a que se aludió en el artículo 27 del contrato reformado de dicha compañía, ratificado por el Gobierno de Nicaragua en 11 de abril de 1850. Sin embargo, si la dicha compañía quisiere situar más que las cuatro referidas secciones en la parte Sur del San Juan, los Gobiernos de Nicaragua y Costa Rica convendrán amigablemente según los términos de tales colocaciones.

Art. 4°. – Ni el Gobierno de Nicaragua ni el de Costa Rica tendrán libertad de erigir ni permitir se erija ningún muelle, muralla, embarcadero u otra especie de construcción, ni ejecutar ni permitir se ejecute ningún acto o cosa cualquiera que sea en el puerto de Greytown o en cualquiera parte de los ríos Colorado y San Juan o en la costa del lago de Nicaragua, que embarace las libres operaciones de la Compañía de Canal o tránsito, o estorbe el pasaje de sus botes por dicho puerto de Greytown y ríos Colorado y San Juan. Si después de un reconocimiento exacto de la ruta para un canal de buques entre los dos océanos se encontrase ser preferible para aquel canal pasar parte por la margen Sur del río San Juan o el río Colorado, el Gobierno de Costa Rica se compromete a ceder todos los terrenos y prestar todas la facilidades que se requieran para la construcción de dicho canal.

Art. 5°. – Por cuanto quedó estipulado por el artículo 2° del convenio entre la Gran Bretaña y los Estados Unidos de América, concluido en Washington a 19 de abril de 1850; que los buques de los Estados Unidos o de la Gran Bretaña que atraviesen el dicho canal, en caso de guerra entre las partes contratantes, quedarán exentos de bloqueos, detención o captura por cualquiera de las partes beligerantes; y que aquella disposición debía extenderse a una distancia tal de las extremidades del canal, que pareciese conveniente determinar; ahora con objeto de fijar esta distancia dentro de la cual los buques de cualquiera de dichas naciones deben quedar exentos de bloqueos, detención o captura por cualquiera de las partes beligerantes, se declara por el presente que deberá extenderse a todas las aguas comprendidas dentro de la distancia de 25 millas náuticas desde la extremidad de dicho canal en las costas del Pacífico y del Atlántico.

Art. 6°. – Por cuanto en el artículo 7° de dicho convenio fue estipulado, entre otras cosas, que si alguna persona o compañía hubiese celebrado ya con algún Estado, por cuyo territorio pueda pasar el proyectado canal de buques, un contrato para la construcción de un canal tal cual es especificado en dicho convenio, a cuyas estipulaciones ninguna de las partes contratantes tuvo justa causa para objetar. Y si demás, las referidas personas o compañía hubiesen hecho preparativos y gastado tiempo, dinero y trabajo en la fe de dicho contrato, quedó convenido que dichas personas o compañía tuviesen prioridad de derecho sobre cualesquiera otras personas o compañía bajo la protección de los Gobiernos de los Estados Unidos y de la Gran Bretaña, y se les concediese un año desde la data del canje de ratificaciones de aquel convenio para concluir sus arreglos y presentar evidencia de capital suficiente suscrito para coronar la empresa proyectada; bien entendido que si a la espiración del antedicho periodo las personas o compañía referidas no pudiesen comenzar y llevar adelante la empresa proyectada, entonces los Gobiernos de los Estados Unidos y de la Gran Bretaña, quedarían libres de prestar su protección a cualesquiera otras personas o compañía que estuviesen preparadas para comenzar y adelantar el canal en cuestión. Y por cuanto al tiempo de la firma de dicho convenio, una compañía llamada "La Compañía Americana de Canal de buques Atlántico-Pacífico" tenía con el Gobierno de la República de Nicaragua un contrato para construir un canal de buques en los mencionados océanos, pero que por razones que parecieron justas a los Gobiernos de la Gran Bretaña y los Estados Unidos, no han podido cumplir con la estipulación que les dio derecho a la protección de dichos Gobiernos; y por cuanto ninguna otra compañía ha reclamado esta protección a las mismas condiciones, por tanto queda convenido que se le conceda a dicha compañía para que cumpla con las estipulaciones antedichas un año más desde el canje de las ratificaciones de este convenio.

Art. 7°. – Y por cuanto por otro contrato del 11 de abril de 1850 con la Compañía Americana de Canal de buques Atlántico-Pacífico, el Estado de Nicaragua, teniendo en mira el facilitar la construcción de aquel canal, autorizó a la compañía referida para separar de su contrato de 22 de septiembre de 1849, la parte relativa a la navegación por vapor de las aguas de Nicaragua bajo la denominación de Compañía accesoria de tránsito; y por cuanto la mencionada Compañía accesoria de tránsito ha estado por algún tiempo en pleno y feliz ejercicio; los Gobiernos de la Gran Bretaña y de los Estados Unidos se comprometen por el presente a extender su protección a la dicha compañía accesoria de tránsito, en la misma manera y con la misma extensión que la establecida en el convenio de 19 de abril de 1850; y por este convenio la dicha protección se extiende a la Compañía de Canal de buques Atlántico-Pacífico. Pero como el objeto principal de dicho convenio celebrado entre la Gran Bretaña y los Estados Unidos de América fue proveer de un canal interoceánico entre el Atlántico y el Pacífico; y aquel objeto se considera todavía anterior a cualquiera otra manera de tránsito, la protección extendida por el presente a la Compañía accesoria de tránsito no deberá traducirse que contraríe en manera alguna al derecho a construir dicho canal que tiene la Compañía que ha emprendido su construcción, o caso de que escolle, el de cualquiera otra persona o compañía que pueda ser autorizada para construirlo; y todas las concesiones y privilegios conferidos a la dicha Compañía accesoria de tránsito, quedarán sujetos al derecho y privilegio primitivo de otras personas o compañía para construir, mantener y usar dicho canal. Finalmente, estas proposiciones por lo que respecta a los Gobiernos de Nicaragua y Costa Rica, deben tenerse como indicaciones recomendatorias, e interpelamos vehemente la atención de estos Gobiernos para que las tomen en consideración. Para asegurar una pronta decisión Mr. Wyke, cónsul general de S. M. B., investido con plenos poderes para aquel objeto, y Mr. Kerr, encargado de negocios de los EE. UU. en Nicaragua y nombrado agente especial de parte de los EE. UU. cerca del Gobierno de Costa Rica, están autorizados para comunicar el arreglo a los Gobiernos respectivos; y si los Gobiernos de Nicaragua y Costa Rica no conviniesen prontamente y sin pérdida innecesaria de tiempo en la base general de este arreglo, y adoptasen medidas propias para llevarlo a efecto, entonces los Gobiernos de la Gran Bretaña y de los EE. UU. adoptarán inmediata y copulativamente medidas convenientes para llevar a debida ejecución el convenio de 19 de abril de 1850, y llenar el designio aquí considerado de una comunicación interoceánica por canal del Océano Atlántico al Pacífico por la vía del río de San Juan y lago de Nicaragua.

Firmado. – DANIEL WEBSTER

Firmado. – JOHN F. CRAMPTON

Washington: 30 de abril de 1852.

Conforme. – Mangua: julio 3 de 1852.

CASTELLÓN. – Hay un sello.

Es conforme con su original que se halla en el Archivo de mi cargo, de donde ha sido sacada fielmente esta copia, en Tegucigalpa, a dos de Nov. de mil ochocientos noventa y nueve.

Archivo Nacional de Honduras. – Tegucigalpa.

G. Guardiola,
Director del Archivo Nacional

CONTESTACIÓN

———

Ministerio General del Supremo Gobierno
del
Estado de Honduras

———

Casa de Gobierno. – Tegucigalpa: agosto 2 de 1852.

Señor ministro de Relaciones del Supremo Gobierno del Estado de Nicaragua.

El presidente del Estado queda impuesto de la muy grave nota de 28, en que le comunica el convenio formado entre los ministros de los EE. UU. y la Inglaterra, con relación al canal, a la cuestión con Costa Rica y a los límites de los territorios de Centroamérica con los Mosquitos.

El Gobierno del Estado, aún sin entrar en los pormenores de este arreglo, ve en él violada la soberanía del país y su integridad territorial, por la injerencia injusta e interesada de dos grandes potencias en los más vitales derechos e intereses de los Estados Centroamericanos. Ve así anulada nuestra independencia en el acto de imponerle por condición un arreglo arbitrario, que solo consulta el interés combinado y las pretensiones de ambos Gobiernos, y deprecia el derecho internacional, la justicia y los principios más notorios que se han demostrado hasta la evidencia en cien publicaciones sobre la usurpación violenta intentada por la Inglaterra de nuestro más importante litoral, en favor de unas hordas errantes y salvajes.

Lo más asombroso es ver violado por las dos potencias el solemne tratado Clayton-Bulwer, en que se reconocía, por más sutilezas que se hayan empleado después por los interesados en la usurpación, la integridad del territorio Centroamericano, y se abandonaba la protección de los salvajes, dejando a Nicaragua en posesión pacífica de sus puertos, para atender solo y promover la grande empresa del canal, ostentando a la faz del mundo el mayor desinterés por ambas partes, y dominando solo el interés comercial del mundo por el Istmo, bajo un Gobierno verdaderamente independiente, libre y neutral.

Aún no han pasado dos años y ambos Gabinetes olvidan los principios y desechan el honor de tan alto compromiso, y habiendo formado otra combinación de una política innoble en que solo prevalece el poder sobre el derecho y el interés sobre la justicia, dan al mundo el ejemplo de la opresión al débil dos grandes potencias, y pretenden imponer a una nación, desquiciada desde su infancia por el fraccionamiento de su Gobierno, condiciones humillantes e imposibles, haciéndola tributaria de unas hordas errantes, que nada pretenden por sí mismas si no es excitadas por el enemigo eterno de Centroamérica

Si estas potencias afecta intervenir por el interés grande del canal, en que han tomado parte, ¿qué importa a la canalización reconocer como nación a unas tribus errantes, y asignarles territorios que nunca les han pertenecido, desmembrando notablemente a los Estados centroamericanos?

El Gobierno de Honduras protesta al de Nicaragua, que jamás se prestará a semejantes combinaciones. Que aun cuando el Poder Legislativo (lo que considero imposible en el honor y patriotismo hondureño) transigiese con esta cuestión, el presidente de Honduras, antes dejaría el mando que entrar en un arreglo contra la integridad del territorio centroamericano, o que de alguna manera altere o desconozca la soberanía del país.

En tales circunstancias es esencial ponerse de acuerdo para que ningún tratado sea hecho particularmente sin abrazar toda la cuestión en que ellos son indiferentemente interesados, y para que la cooperación a sostener la independencia sea eficaz y simultánea; desde luego Honduras ofrece prestar a Nicaragua cuantos auxilios pueda darle, y de pronto le presenta la fuerza moral de una protesta solemne ante todos los Gobiernos americanos, contra cualquier arreglo que se verifique particularmente o sin su conocimiento, pues además de su interés directo se considera parte integrante de la familia centroamericana, y no puede consentir nunca en su deshonor ni en su expoliación.

Largo tiempo hace que debiéramos tener un Gobierno general que reunirse en un centro común los intereses y el poder, para salir al frente de las usurpaciones y ultrajes vilipendiosos a nuestro ser nacional. Nos ha faltado el concierto y la unidad. Nos hemos distraído en cuestiones frívolas, y hemos desatendido nada menos que la existencia verdadera de la patria. Desde que se verificó el pacto de 8 de noviembre hasta ahora, ya debíamos tener una organización, y hemos dejado pasar quizá la ocasión de desvanecer las dificultades que se han ido aglomerando hasta el extremo en que nos hallamos con la combinación fatal de dos grandes y poderosos Gobiernos en contra, que poco hace estuvieron talvez rivalizando.

Aumentando cada día el peligro de ser absorbida la nacionalidad de Centroamérica por la ambición creciente que evita la ventajosa perspectiva en todos conceptos de nuestro país, sobre cuantos le rodean, no debemos perder ya un instante de unirnos y no prolongar más la insensata resistencia al único medio de salvarnos.

Conviene, señor ministro, crear al momento un Gobierno nacional, y abandonar el falso celo, celo de perdición y de ruina, de conservar esas soberanías pequeñas, aisladas y absolutas, que embarazan la acción nacional. Cada día recibimos una lección severa de la experiencia, de nuestra incapacidad en el Estado actual aún para hacer un esfuerzo combinado de defensa, aún para emplear la diplomacia y la reclamación oficial.

Entre tanto, y sin abandonar el sagrado compromiso de unión en un Gobierno común, y antes bien llevándolo a cabo a cualquier costa, es necesario que los tres Estados nombren de consumo un ministro en el Norte que haga una viva reclamación de nuestros derechos, y a quien se den instrucciones y poder bastante para tratar sobre la cuestión, abrazándola en el todo. Si el Estado de Nicaragua teme que el señor Marcoleta no preste en el día las seguridades más completas para esta grave misión, el Gobierno de Honduras cree conveniente indicarle a la persona de capacidad y de la mejor disposición que desde luego se presenta, y es el señor diputado don José Zacasa.

Sobre este punto es necesario un convenio pronto entre los tres Estados. Este paso quedará ya adelantado si se verifica pronto la unión, y será muy útil para preparar al Gobierno general el arreglo del exterior.

El Gobierno de Nicaragua debe, pues, contar con la cooperación más eficaz de Honduras a salvar a cada uno de los Estados, y así mismo de cualquier conflicto en que se hallen los derechos y el territorio centroamericano. A proporción que crecen las dificultades, crece el deber de unirnos y de redoblar el esfuerzo del patriotismo. Podrá el país sucumbir a la ambición y a la injusticia del extranjero; más nunca esta desgracia será desfalleciendo el civismo de los hijos de Honduras ni de su Gobierno.

El señor presidente me ha prevenido dar al Gobierno de Nicaragua esta contestación; y el extenderla tengo el honor de suscribirme del señor ministro, atento seguro servidor.

D. U. L.

(F.) FRANCISCO ALVARADO.

TRADUCCIÓN

Tratado celebrado entre don Víctor Herrán, ministro plenipotenciario del Gobierno de la República de Honduras, y Jorge Guillermo Federico, conde de Clarendon, plenipotenciario de S. M. B.

La República de Honduras y Su Majestad la Reina del Reino Unido de la Gran Bretaña e Irlanda, deseosas de arreglar por medio de una convención ciertos puntos resolutivos de los arreglos territoriales que forman el objeto de otra convención concluida hoy entre ellas, han nombrado con tal objeto de sus plenipotenciarios, a saber: Su Excelencia el presidente de la República de Honduras, al señor doctor Juan Víctor Herrán, ministro plenipotenciario de la República cerca de Su Majestad Británica, caballero de la muy noble orden de la Jarretera, Gran Cruz de la muy honrable orden del Baño, secretario principal de Estado de Su Majestad Británica para los negocios extranjeros; quienes después de haber examinado sus respectivos poderes y encontrándolos en buena y debida forma, han convenido y concluido los artículos siguientes:

Art. 1°. – La República de Honduras conviene en no inquietar a los súbditos de Su Majestad británica en el goce de toda propiedad de que estén en posesión en las islas de Roatán, Bonaca, Elena, Utila, Barbareta y Morat, situadas en la Bahía de Honduras.

Art. 2°. – Su Majestad británica conviene en reconocer el medio del río Wanks o Segovio, que desemboca en el mar Caribe, cabo Gracias a Dios, como límite entre la República de Honduras y el territorio de los indios Mosquitos, sin perjuicio de cualquiera cuestión de límites entre la República de Honduras y la de Nicaragua. Y en atención a que los indios Mosquitos han poseído antes y ejercido derechos en y sobre los territorios que existen entre el río Wanks o Segovia y el río Romano, Su Majestad británica ofrece recomendar a los indios mosquitos que renuncien tales derechos en favor de la República de Honduras, a condición de recibir de la República una razonable suma por vía de anualidad, por un periodo limitado, pagadera por semestres, como indemnización y compensación de las pérdidas y extinción de sus intereses en dicho territorio. Cuando se haya accedido por los indios mosquitos a tal arreglo, Su Majestad británica ofrece reconocer la soberanía sobre el referido territorio como perteneciente a la República de Honduras; y Su Majestad británica y la República de Honduras; y Su Majestad británica y la República nombrarán dentro de doce meses después del tal accesión, dos comisionados, uno por cada parte para acordar la suma, el periodo de duración, el tiempo, lugar y modo en que la anualidad debe ser pagada a los indios mosquitos como indemnidad y compensación. Y en atención a que algunos súbditos británicos han obtenido por concesión, arrendamiento, o de otra manera, de los indios mosquitos, intereses en varias tierras situadas dentro del territorio referido entre el río Wanks o Segovia y el río Romano, la República de Honduras se obliga a respetar y mantener los dichos intereses; y además es convenido que los comisionados mencionados en el presente artículo, investigarán los reclamos de los súbditos británicos suscitados por tales concesiones o arrendamiento, y todos los súbditos británicos, cuyos reclamos sean declarados fundados y válidos por los comisionados, permanecerán en quieta posesión de sus respectivos intereses en dichas tierras.

Art. 3°. – Además se obliga la República de Honduras a llevar a efecto todos los arreglos hechos ya, y que están en vía de efectuarse, en satisfacción de los reclamos británicos; y también es convenido entre las partes contratantes que los comisionados mencionados en el precedente artículo examinarán igualmente y decidirán sobre todos los reclamos británicos contra el Gobierno de Honduras que se sometan a ellos, además de los especificados en el artículo anterior y no próximos a un arreglo.

Art. 4°. – Los comisionados expresados en los artículos precedentes se reunirán en el puerto de Trujillo en el menos tiempo posible, después que hayan sido respectivamente nombrados; y antes de proceder al desempeño de su encargo, harán y suscribirán una solemne declaración, manifestando que imparcial y cuidadosamente examinarán y decidirán de la mejor manera que puedan, sus actos conforme a la justicia y a la equidad, sin temor, favor o afección a su país, sobre todas las materias que se refieran a su decisión; y tal declaración encabezará sus procedimientos. Así mismo los comisionados, antes de proceder a sus funciones, nombrarán un tercero para que obre como árbitro en todos los casos en que puedan diferir en opinión. El tercero nombrado como árbitro, antes de proceder como tal, hará y suscribirá una solemne declaración en la misma forma de la que hayan hecho y suscrito los

101

comisionados, y que también se incluirá en el proceso verbal, o acta de sus procedimientos. En caso de muerte, ausencia o incapacidad de dicho tercero, o en el de omisión, de negación o cesación de obrar como tal árbitro, se nombrará otro como queda dicho para que obre en su lugar, el cual hará y suscribirá la declaración que se ha indicado. La República de Honduras y Su Majestad británica se obligan a considerar las decisiones de los comisionados por sí, o por medio del tercero si llega el caso, como final y concluyente en todas las materias que se remitan a su decisión, y se obligan a hacerla llevar inmediatamente a su debido efecto.

Art. 5°. – Los comisionados y árbitro llevarán un proceso verbal exacto de todos sus escritos o notas de sus procedimientos, con las fechas respectivas, y nombrarán y emplearán uno o más dependientes o empleados para que asistan en las transacciones o asuntos que se remitan a sus manos. Las dietas de los comisionados serán pagadas por los respectivos Gobiernos. Los gastos contingentes de la comisión, incluyendo el honorario del árbitro y del empleado o de los empleados, serán sufragados por iguales partes por los dos Gobiernos.

Art. 6°. – La presente convención será ratificada y las ratificaciones canjeadas en Londres en doce meses, o antes si posible fuere, de la fecha. – En fe de lo cual los respectivos plenipotenciarios la han firmado y sellado con sus respectivos sellos.

Hecha en Londres, a veinte y siete de agosto del año de nuestro señor mil ochocientos cincuenta y seis.

(F.) V. HERRAN. (L. S.)

(F.) CLARENDON. (L. S.)

Es conforme con su original que se halla en el Archivo de mi cargo, de donde ha sido sacada fielmente esta copia, en Tegucigalpa, a dos de Nov. de mil ochocientos noventa y nueve. Archivo Nacional de Honduras. – Tegucigalpa.

G. Guardiola, Director del Archivo Nacional.

TRATADO

entre Su Majestad británica y la República de Honduras

———

Su Majestad la reina del Reino Unido de la Gran Bretaña e Irlanda, y la República de Honduras, estando deseosas de arreglar de una manera amistosa ciertas cuestiones en que están mutuamente interesadas, han resuelto concluir un tratado con tal propósito, y han nombrado como sus plenipotenciarios, a saber: Su Excelencia el presidente de la República de Honduras, a D. Francisco Cruz, jefe político del departamento de Comayagua, y Su Majestad la reina del Reino Unido de la Gran Bretaña e Irlanda, a Carlos Lennox Wyke, escudero, oficial de la muy honorable orden del Baño, enviado extraordinario y ministro plenipotenciario de Su Majestad en una misión especial a las Repúblicas de Centroamérica; quienes después de haberse comunicado sus respectivos plenos poderes, y hallándolos en buena y debida forma, han convenido y celebrado los artículos siguientes:

ARTÍCULO I
Tomando en consideración la posición peculiar geográfica de Honduras, y en orden a asegurar la neutralidad de sus islas adyacentes, con referencia a algún ferrocarril u otra línea de comunicación interoceánica que pueda construirse a través del territorio de Honduras en la tierra firme, Su Majestad británica conviene en reconocer las islas de Roatán, Guanaja, Elena, Utila, Barbarete y Morat, conocidas como las "Islas de la Bahía" y situadas en la Bahía de Honduras, como una parte de la República de Honduras.

Los habitantes de dichas islas no serán molestados en la posesión de cualquiera propiedad que en ellas hayan adquirido, y conservarán entera libertad de culto y creencia religiosa en lo público y en lo privado, pero permanecerán en todo lo demás, sujetos a las leyes de la República. Si algunos de ellos quisiesen retirarse de dichas islas, estarán en plena libertad de hacerlo así, de disponer de sus bienes raíces, u otros cualesquiera, como le crean conveniente, y de llevarse consigo los valores que realizasen.

La República de Honduras se compromete a no ceder dichas islas, o cualquiera de ellas, o el derecho de soberanía sobre dichas islas, o cualquiera de ellas, o ninguna parte de dicha soberanía a ninguna Nación o Estado cualquiera.

ARTÍCULO II

Su Majestad británica se compromete, sujetándose no obstante, a las condiciones y compromisos especificados en el presente tratado, y sin perjuicio de cuestión alguna de límites entre las Repúblicas de Honduras y Nicaragua, a reconocer como perteneciente y bajo la soberanía de la República de Honduras, el territorio hasta aquí ocupado o poseído por los indios mosquitos, dentro de la frontera de la República, cualquiera que sea dicha frontera.

El protectorado británico de aquella parte del territorio mosco, cesará a los tres meses de ser canjeadas las ratificaciones del presente tratado, con el fin de que el Gobierno de Su Majestad pueda dar las instrucciones necesarias para dar cumplimiento a las estipulaciones del presente tratado.

ARTÍCULO III

Los indios moscos en el distrito reconocido por el artículo 2° de este tratado, como pertenecientes y bajo la soberanía de la República de Honduras, tendrán libertad de trasladarse con su propiedad, fuera del territorio de la República, y dirigirse a donde les parezca; y todos aquellos indios moscos que permanezcan dentro de dicho distrito no serán molestados en la posesión de cualesquiera tierras u otros bienes que tengan y ocupen, y gozarán, como naturales de la República de Honduras, de todos los derechos y privilegios que generalmente gozan los naturales de la República. La República de Honduras, con el deseo de educar a los indios mosquitos, y mejorar su condición social, en el distrito ocupado por ellos, concederá una suma anual de cinco mil pesos en plata u oro durante los primeros diez años con aquel fin, que serán pagados al principal de los mosquitos en aquel distrito, siéndoles dicho pago garantizado por una hipoteca sobre todas las maderas y sobre todos los otros productos naturales (cualesquiera que sean) de las tierras baldías de las Islas de la Bahía y en territorio mosco.

Estos pagos se harán en semi anualidades de dos mil quinientos pesos cada una, el primero de cuyos pagos se hará seis meses después de canjeadas las ratificaciones del presente tratado.

ARTÍCULO IV

En atención a que súbditos británicos, ya sea por concesión, arriendo o de otra manera, han obtenido hasta aquí de los indios moscos, intereses en varias tierras situadas dentro del distrito mencionado en el artículo precedente, la República de Honduras se compromete a respetar y mantener la posesión de tales intereses, y se conviene además, que Su Majestad británica y la República nombrarán dos comisionados, dentro de doce meses, contados desde el canje de las ratificaciones del presente tratado, uno por cada parte, en orden a investigar los títulos de súbditos británicos que puedan haber emanado de tales concesiones, arriendos o de otras maneras, y todos los súbditos británicos cuyos títulos se declaren por los comisionados bien fundados y válidos, quedarán tranquilos en la posesión de sus respectivos intereses en dichas tierras.

ARTÍCULO V

Se conviene además entre las partes contratantes, que los comisionados mencionados en el artículo precedente, también examinarán y decidirán sobre cualquier reclamo británico que se haga al Gobierno de Honduras que les sea presentado, además de los especificados en aquel artículo, y que se encuentren pendientes; y la República de Honduras se conviene en cumplir las estipulaciones hasta ahora hechas sobre reclamos británicos que no se han llevado a efecto.

ARTÍCULO VI

Los comisionados expresados en los artículos precedentes, se reunirán en Guatemala lo más pronto que convenientemente se pueda después de haber sido respectivamente nombrados; y antes de proceder a sus tareas, harán y firmarán una solemne declaración de que imparcial y cuidadosamente examinarán y decidirán a su mejor entender, y según la justicia y la equidad sin temor, favor o afecto a su propio país, todos los asuntos que sean referidos a su decisión, y tal declaración deberá ser registrada en el protocolo de sus procedimientos.

Los comisionados deberán, después y antes de proceder a ningún otro negocio, nombrar algún tercero, que obre como árbitro o juez, en el caso o casos que ellos puedan discordar en opinión.

Si acaso no pudiesen convenir en la elección de tal persona, los comisionados cada uno por su parte nombrará una persona, y en cada vez que los comisionados puedan discordar en opinión tocante a la decisión que tendrán que dar, se determinará por la suerte, cuál de las dos personas así nombradas, será árbitro o juez en aquel caso particular.

La persona o personas así escogidas, antes de que puedan funcionar, harán y firmarán una solemne declaración, en una forma semejante a la que ya se habrá hecho y firmado por los comisionados, cuya declaración se asentará también en el protocolo de sus procedimientos. En caso de muerte, ausencia o incapacidad de tal persona o personas, o de que declinen, omitan, o cesen de funcionar como árbitros o jueces, otra persona o personas serán nombradas como se ha dicho para que obren como juez o árbitro en lugar de aquel o aquellos, y harán y firmarán una declaración como queda dicho.

Su Majestad británica y la República de Honduras se comprometen a considerar las decisiones de los comisionados de mancomún, o del árbitro o juez según sea el caso, como final y conclusiva sobre las materias que se refieran a su decisión, y además se comprometen a darle inmediato cumplimiento.

ARTÍCULO VII

Los comisionados y el árbitro o juez, llevarán un protocolo y correctos apuntamientos de todas sus operaciones juntamente con sus fechas, y nombrarán y emplearán un escribiente u otras personas que les asistan en la transacción de los negocios que les puedan presentar.

Los sueldos de los comisionados serán pagados por sus respectivos gobiernos. Los gastos contingentes de la comisión, incluyendo el sueldo del árbitro o juez, y del escribiente o escribientes serán pagados en partes iguales por entrambos gobiernos.

ARTÍCULO VIII

El presente tratado será ratificado, y las ratificaciones serán canjeadas en Comayagua, tan pronto como sea posible dentro de seis meses contados desde esta fecha.

En testimonios de lo cual los respectivos plenipotenciarios han firmado el presente y puesto sus sellos respectivos.

En Comayagua, a los veintiocho días del mes de noviembre del año de Nuestro Señor, mil ochocientos cincuenta y nueve.

(F.) FRANCISCO CRUZ L. S.
(F.) C. LENNOX WYKE L. S.

ARTÍCULOS

del Tratado entre la República de Nicaragua y S. M. B., relativo a los indios mosquitos y a los derechos y pretensiones de súbditos británicos, celebrado en Managua en 28 de enero de 1860.

ARTÍCULO I

Al canjearse las ratificaciones del presente tratado, S. M. B. conforme a las condiciones y compromisos en él especificados, y sin que afecte ninguna cuestión de límites entre las Repúblicas de Nicaragua y Honduras, reconocerá como parte integrante y bajo la soberanía de la República de Nicaragua, el país hasta aquí ocupado o reclamado por los indios mosquitos, dentro de la frontera de dicha República, cualquiera que sea aquella frontera. El protectorado británico sobre aquella parte del territorio mosquito cesará tres meses después del canje de las ratificaciones del presente tratado, a fin de que el Gobierno de Su Majestad pueda dar las instrucciones necesarias para llevar a efecto las estipulaciones de dicho tratado.

ARTÍCULO II

Se asignará a los indios mosquitos dentro del territorio de la República de Nicaragua un distrito que permanecerá como se ha estipulado arriba, bajo la soberanía de la República de Nicaragua.

Dicho distrito será comprendido en una línea que principiará en la embocadura del río Rama en el mar Caribe; de allí correrá sobre la medianía de la corriente de aquel río hasta su origen, y desde este origen continuará en una línea poniente derecho al meridiano de Greenwich hasta los 84 gra. 15 min. longitud occidental; de allí norte derecho a dicho meridiano hasta llegar al río Hueso, y siguiendo la medianía de la corriente de este río aguas abajo hasta su embocadura en el mar, como está en el mapa de Baily a una latitud norte de 14 gra. A 15 min. y 83 gra. longitud occidental del meridiano de

Greenwich, y de allí hacia el Sur, siguiendo la costa del mar Caribe hasta la embocadura del río Rama, punto de partida. Pero el distrito asignado a los indios mosquitos, no podrá ser cedido por ellos a ninguna persona ni Estado extranjero; si no que estará y permanecerá bajo la soberanía de la República de Nicaragua.

ARTÍCULO III

Los indios mosquitos, dentro del distrito designado en el artículo precedente, gozarán del derecho de gobernante así mismos y de gobernar a todas las personas residentes dentro de dicho distrito, según sus propias costumbres, y conforme a los reglamentos que puedan de vez en cuando ser adoptados por ellos, no siendo incompatibles con los derechos soberanos de la República de Nicaragua. Conforme a la reserva arriba mencionada, la República de Nicaragua conviene en respetar y no oponerse a tales costumbres y reglamentos así establecidos o que se establezcan dentro de dicho distrito.

ARTÍCULO IV

Queda entendido sin embargo, que nada de lo contenido en este tratado deberá interpretarse como que impide que los indios mosquitos, en cualquier tiempo futuro, convengan en la absoluta incorporación a la República de Nicaragua bajo el mismo pie que los otros ciudadanos de la República y se sujetan a ser gobernados por las leyes y reglamentos generales de la República, en vez de serlo por sus propias costumbres y reglamentos. [*]

---

[*] Rocha (Jesús de la). – Código de la Legisl. de la República de Nicaragua. – 1821-1863. Tomo I – 126-127.

CAPÍTULO IV

DOCUMENTOS RELATIVOS A LA
CONTROVERSIA ENTRE HONDURAS
Y NICARAGUA SOBRE SUS
DERECHOS EN LA COSTA DE
LOS MOSQUITOS

COMUNICACIÓN

del ministro de RR. EE. de Nicaragua, acerca del Convenio celebrado respecto de los límites entre aquella República y la de Honduras.

———

Palacio Nacional, Managua: septiembre 23 de 1870.

Señor:

El señor licenciado don Ramón Uriarte puso en mis manos el despacho que U. S. se sirvió dirigirme en 30 de junio anterior, manifestándome que deseoso ese Gobierno de terminar el deslinde de la línea divisoria entre ambas Repúblicas, había conferido poderes amplios al referido señor Uriarte para entrar en arreglos sobre tan importante objeto.

Tuve el honor de recibir al señor Uriarte en su carácter oficial, e incontinenti nombró mi Gobierno un comisionado para que lo representara en las conferencias que debieran tenerse.

Los comisionados de ambas Repúblicas ajustaron un convenio que a juicio de este Gobierno satisface las justas aspiraciones de los dos países, pone fin a las enojosas cuestiones que se suscitaban con motivo de la incertidumbre de los límites territoriales y hace cesar las dificultades y embarazos que se presentaban a las autoridades fronterizas en la Administración de Justicia.

Mi Gobierno felicita al de U. S. por el pronto y feliz término de aquella cuestión y por su acierto en la elección del comisionado que designó para que representase los intereses de esa República.

El señor Uriarte se ha despedido hoy del Gobierno para regresar a su patria, y me es grato asegurar a U. S. que durante su corta permanencia en esta ciudad supo captarse el aprecio y estimación de todo el Gabinete.

Con este motivo reitero a U. S. las protestas de mi aprecio y consideración.

(F.) TOMÁS AYÓN

Señor ministro de Relaciones Exteriores. – Comayagua.

Es conforme con su original que se haya en el Archivo de mi cargo, de donde ha sido sacada fielmente esta copia, en Tegucigalpa, a dos de Nov. de mil ochocientos noventa y nueve.

G. Guardiola,
Director del Archivo Nacional

COMUNICACIÓN

del ministro de RR. EE. del Gobierno de Honduras al de igual título de Nicaragua

———

Comayagua, agosto 31 de 1875

Señor:

He tenido el honor de recibir el respetable despacho de U. S. fecha 27 de recién pasado julio, a que se sirve incluir copias de la correspondencia cruzada entre el señor gobernador intendente del cabo de Gracias a Dios y el señor juez de Paz y comandante local, nombrado por el señor gobernador de La Mosquitia hondureña, que según U. S. ocupa una parte del territorio nicaragüense, en la margen izquierda del río Coco, ejerciendo en ella actos jurisdiccionales.

U. S. llama la atención del Gobierno de Honduras al convenio celebrado en San Marcos de Colón entre comisionados de Nicaragua y Honduras y a los trabajos de una nueva comisión compuesta de los señores licenciados don Fermín Ferrer, por parte de Nicaragua, y don Francisco Medina, por parte de Honduras, en que parece se fijaron en parte, los límites de ambas Repúblicas.

U. S. insinúa en el despacho que tengo el honor de contestar y en el anterior de 19 de julio, respondiendo al mío de 6 del mismo mes, que esos convenios, aunque aprobados por los respectivos Gobiernos, no han sido ratificados por las Legislaturas.

Concluye U. S. reiterando la proposición de presentar a las Legislaturas el tratado de 1° de septiembre de 1870, esperando mientras tanto, que el Gobierno de Honduras, en obsequio de la buena armonía que existe entre los dos países, ordenará a las autoridades de la frontera se abstengan de ejercer actos de jurisdicción en la margen izquierda del río Coco, hasta que se decida lo que sea conveniente, entre los dos Gobiernos, ofreciendo U. S. la reciprocidad.

Saqueados y casi destruidos los archivos del Gobierno en las dos últimas funciones de armas de que ha sido teatro esta capital, no se encuentra el tratado de 1° de septiembre de 1870, ni los trabajos de la Comisión a que sirvió de base. El Gobierno de Honduras espera de su amigo y aliado el Gobierno de Nicaragua que se servirá comunicarle copia del referido tratado y de los trabajos de la Comisión que le subsiguieron.

El señor don Francisco Alvarado, actual ministro de Crédito Público, y que ha desempeñado por algún tiempo la Secretaría de Relaciones Exteriores, informa: que después de haber sido rechazado por la Legislatura de Honduras el convenio de San Marcos, se ajustó un nuevo tratado en Managua, siendo representante de Honduras el señor licenciado don Ramón Uriarte. Según los informes del señor Alvarado, ese nuevo convenio no mereció la aprobación del Congreso. Como U. S. no hace relación a él, es de suponerse que haya corrido igual suerte en Nicaragua.

Desde que fue devuelto a Honduras el territorio de La Mosquitia, por el tratado firmado en esta capital a 28 de noviembre de 1859 por comisionados del Gobierno de Su Majestad británica y Honduras, las autoridades hondureñas han llevado su dominio y ejercido actos de jurisdicción hasta margen izquierda del río Coco o Segovia. Según el despacho dirigido por el señor gobernador del departamento de La Mosquitia al señor inspector general del cabo de Gracias a Dios, a 5 de junio del año corriente, y que me doy el honor de acompañar a U. S. en copia autorizada, es un hecho tan constante como notorio que desde la devolución del territorio de La Mosquitia a Nicaragua y Honduras, como acabo de insinuar, se ha reconocido como límite jurisdiccional entre las dos Repúblicas el río Coco o Segovia.

El Gobierno de Honduras, al efecto, ha dispuesto en virtud de contratas, de las maderas existentes en la margen izquierda del Coco y de sus tributarios; todo a vista y paciencia y con perfecto conocimiento de las autoridades de Nicaragua.

Desde el primero de marzo de 1865, se celebró una contrata para cortar maderas con Mr. William Vaughan; contrata que fue posteriormente confirmada, que se ha estado cumpliendo y que concluye hasta el año próximo de 1876, como podrá U. S. informarse, por las copias inclusas.

Con vista de estos hechos, de evidencia notoria, y que no dan lugar a duda alguna, acercad e la posesión actual de Honduras en los territorios que se extienden hasta la margen izquierda del Coco y que se consideran y se han considerado como los límites de La Mosquitia hondureña, el Gobierno de Honduras no ha podido menos de sorprendentes de las recientes pretensiones del señor gobernador de Gracias a Dios.

Honduras, consiguientemente a lo que dejo expuesto, no podrá menos de conservarse en la posesión que ha tenido de los territorios de La Mosquitia hondureña, hasta la margen izquierda del Coco, donde hoy existen multitud de ciudadanos hondureños que viven al amparo y bajo la protección de las leyes hondureñas y donde también existen establecimientos de grande importancia y de no menor responsabilidad, como el del señor William Vaughan, bajo la soberanía y bajo el crédito de la República.

No habiendo habido extralimitación, a juicio del Gobierno de Honduras, de parte de las autoridades de La Mosquitia, menos podría ordenarles que se retirasen de los territorios que han estado ocupando y donde han ejercido y ejercen jurisdicción.

El Gobierno de Honduras cree, como el Gobierno de Nicaragua, que esta es la ocasión más propicia para arreglar definitivamente los límites de ambas Repúblicas. Se espera tener conocimiento de los convenios a que he venido refiriéndome, para resolver en su vista si deban someterse a la ratificación de las Legislaturas o nombrarse nuevos comisionados para firmar un nuevo tratado, que concluya para siempre y defina las cuestiones que puedan surgir por los límites territoriales, que a juicio del Gobierno de Nicaragua son dudosos.

En tales términos, he sido instruido por el señor presidente de la República, para contestar el despacho de U. S. de 27 del pasado julio, teniendo a mucha honra ofrecerme de U. S. por su más atento servidor.

(F.) ADOLFO ZÚÑIGA

Señor ministro de Relaciones Exteriores del Supremo Gobierno de Nicaragua.

Es conforme con su original que se halla en el Archivo de mi cargo, de donde ha sido sacada fielmente esta copia, en Tegucigalpa, a dos de Nov. de mil ochocientos noventa y nueve.

Archivo Nacional de Honduras. – Tegucigalpa.

G. Guardiola,
Director del Archivo Nacional

COMUNICACIÓN

del ministro de RR. EE. del Gobierno de Nicaragua al de igual título de Honduras

———

Managua, octubre 12 de 1875

Al ministro de Relaciones Exteriores del Gobierno de Honduras.

Señor:

He tenido el honor de recibir el oficio que U. S. se sirvió dirigirme en 31 de agosto anterior, contestando el mío de 27 de julio del presente año. En él U. S. me manifiesta: que desde que fue devuelto a Honduras por Inglaterra el territorio de la Mosquitia en virtud del tratado de 28 de noviembre de 1859, las autoridades hondureñas han llevado su dominio y ejercido actos de jurisdicción hasta la margen izquierda del río Coco o Segovia; que el Gobierno de esa República celebró en 1865 una contrata para cortar maderas con Mr. William Vaughan, la cual terminará en 1876, y que estos hechos de evidencia notoria, dan derecho a Honduras sobre el territorio comprendido hasta la margen izquierda del río Coco.

Bien impuesto mi Gobierno sobre el contenido del despacho de U. S., me ha dado instrucciones de contestar en los términos que siguen:

No puede causar daño ninguno a Nicaragua la simple devolución del territorio mosquito efectuada por el Gobierno inglés sin demarcación de límites y sin conocimiento del Gobierno nicaragüense; y aunque se hubiera efectuado la devolución demarcándose los del territorio devuelto, habría tenido Nicaragua el indisputable derecho de nombrar un representante que hiciera reconocer los suyos en el acto del deslinde. Sin esta formalidad, aun la posesión corporal con designación de límites, ningún perjuicio podría causar a esta República, por el principio de derecho universal, de que los actos ejercidos por unos, no imponen obligaciones a los que no han intervenido en su ejecución.

Aquella devolución, pues, que no podría tener otro carácter, que el de un reconocimiento que Inglaterra hacía de su falta de derechos para poseer y apropiarse del territorio mosquito, no los da a Honduras para establecer por sí propio la línea fronteriza y poner en ella autoridades.

Estas razones adquirirán una fuerza irresistible al demostrar que el territorio en que ahora aparecen esas autoridades ha sido poseído por Nicaragua, con actos solemnes de soberanía, sin que jamás hubiera alegado Honduras cosa alguna que desvirtuara ese derecho.

Remito a U. S. una copia autorizada del decreto legislativo de 1840 habilitando el puerto de Coco en el río de Segovia, para el registro de los efectos que se importen y exporten al territorio nicaragüense. Ese documento comprueba concluyentemente el dominio y posesión de Nicaragua sobre todas las aguas del río Segovia o del Coco que U. S. considera como línea divisora.

Ahora, pues, el dominio y posesión de Nicaragua no se limita al río referido. En 30 de junio de 1863 celebró este Gobierno una contrata con el señor W. Vaughn Junior, para cortar maderas de caoba en las márgenes de dicho río. En 23 de enero de 1865 celebró nueva contrata con el mismo señor Vaughan mediante la cual se le concedió por diez años el privilegio exclusivo de cortar caoba y otras maderas, en las tierras de la República situadas en el río Coco y sus tributarios hasta la distancia de seis millas de sus márgenes y desde la desembocadura de la quebrada de "Fantasma" hasta la de Orange Creek y exportarlas en sus buques por la desembocadura del río Wanks denominado Cayo Martínez.

Por manera que si la contrata que ese Gobierno celebró con Mr. Vaughan en 1° de marzo de 1865 puede constituir un derecho para poseer el territorio, según U. S. dice, no desconocerá que Nicaragua tenía ese derecho anteriormente, pues su contrata con el mismo señor data de 1° de enero de 1863, confirmaba con la de 23 de enero de 1865 todavía anterior a la celebrada por ese Gobierno; y Nicaragua no podría ser despojada de él sin inferírsele un daño manifiesto, como debe comprenderlo la alta inteligencia de U. S.

Aún hay más. En 5 de julio de 1870, el Gobierno en atención a los importantes servicios que el señor Vaughan ha prestado a Nicaragua con sus establecimientos en territorio de la República, le concedió la posesión por 99 años del cabo llamado "Wank Bar".

Así que el señor Vaughan no está establecido en territorio hondureño, sino nicaragüense.

Las autoridades de Nicaragua han extendido su jurisdicción siempre hasta el río Patuca, límite de las dos provincias reconocido antiguamente.

Tan luego como este Gobierno ha sabido que un señor Altamirano, costarricense de origen, se introducía al territorio de la República con el carácter de autoridad hondureña, ocurrí al U. S. manifestándole para que se sirviera impedir esos hechos que refluyen en grave perjuicio de esta República. También manifesté a U. S. que mi Gobierno animado de los sentimientos fraternales que lo ligan al de Honduras daría órdenes a estas autoridades para que se abstuvieran de ejercer todo acto de jurisdicción, si ese Gobierno emitía iguales órdenes a las autoridades hondureñas, mientras se efectúan los arreglos; y en efecto se expidieron las convenientes, en la confianza de que el Gobierno de U. S. se prestaría a la reciprocidad ofrecida por el mío.

Desgraciadamente no ha sido así, y ha habido necesidad de expedir órdenes contrarias para no causar males a Nicaragua con medidas a que por su parte se niega ese Gobierno.

He dicho a U. S. que los límites de la provincia de Nicaragua se extienden al río de Patuca, hasta su desembocadura. Así consta de documentos auténticos, escritores y mapas antiguos. El señor ministro plenipotenciario, licenciado don Fermín Ferrer, tuvo en consideración todos esos documentos al celebrar el convenio de San Marcos de Colón y el tratado de 1° de septiembre de 1870, que no es otra cosa que la reproducción de aquel convenio; pero con la diferencia en favor de Honduras, de que en lugar de llevar Nicaragua sus límites hasta el Patuca, cedió la parte Sur de la cuenca de este río, y estableció la línea en la eminencia superior entre los ríos del Coco y Patuca. Es de notarse que los derechos de Nicaragua han sido reconocidos en época diversas por el comisionado y el ministro de Honduras, señores Medina y Uriarte, y por el ingeniero civil, señor A. Van Severán.

Así es que colocada la República de Nicaragua bajo el punto de vista de su personalidad jurídica con derechos que deben ser considerados, es evidente que no podrá la de Honduras señalarse por sí misma sus límites con perjuicio de los de aquella.

Esa República no puede tener, pues, otros límites que los mismos que tenía la provincia al efectuar su independencia, o los que se convengan con esta, mediante un tratado solemne. El hecho solo no puede constituir derecho; pues de otra suerte quedarán legitimadas las más atentatorias usurpaciones en el acto de ser ejecutadas.

Remito a U. S. una copia del tratado de 1° de septiembre de 1870 para que ese Gobierno examinándolo, se sirva elevarlo al conocimiento del Congreso, si lo creyese conveniente; siendo entendido que si no fuese así, mi Gobierno está dispuesto como el de U. S. a nombrar su ministro, con el fin de arreglar los límites en vista de los títulos que se presenten, a cuyo efecto espero que U. S. se sirva indicarme el lugar y tiempo en que deben reunirse.

También remito a U. S. copia autorizada de las informaciones enviadas por el intendente del cabo de Gracias a Dios para justificarse de las imputaciones de La Mosquitia hondureña y del señor Altamirano.

Con sentimientos de la más alta consideración soy de U. S. atento S. S.

(F.) T. AYÓN

Es conforme con su original que se halla en el Archivo de mi cargo, de donde ha sido sacada fielmente esta copia, en Tegucigalpa, a dos de Nov. de mil ochocientos noventa y nueve.

Archivo Nacional de Honduras. – Tegucigalpa.

G. Guardiola,
Director del Archivo Nacional

COMUNICACIÓN del Ministro de RR. EE. de Honduras al de igual título de Nicaragua

Comayagua: 16 de noviembre de 1875.

Señor:

He tenido el honor de recibir el respetable despacho de V. E., datado a 12 del pasado octubre, reproduciendo el mío de 31 de agosto, sobre límites del territorio de La Mosquitia, perteneciente a Nicaragua y Honduras.

Impuesto el señor presidente del citado despacho de V. E. y de los documentos anexos, me ha ordenado contestar a V. E. como lo verifico, en los términos siguientes:

El Gobierno de Honduras no ha pretendido ni pretende señalar por sí los límites de La Mosquitia hondureña; ha sostenido y sostiene que desde que aquellos territorios fueron devueltos a Nicaragua y Honduras por Inglaterra, los habitantes de la margen izquierda del río Coco o Segovia han sido tenidos y considerados como hondureños, y que las autoridades hondureñas han llevado su dominio y ejercido actos de jurisdicción hasta la propia margen izquierda del Coco. Este hecho, aunque no daría derecho en ningún caso a Honduras para alegar domino y propiedad en aquellos territorios, basta sí, para conservar su posesión, mientras no se definan legalmente los límites de ambas Repúblicas.

En tal virtud y no siendo aceptable a juicio del Gobierno de Honduras el tratado celebrado por los señores licenciados don Fermín Ferrer de parte de Nicaragua y don Ramón Uriarte de parte de Honduras y de que V. E. se ha servido remitirme copia, el Gobierno de Honduras en consonancia con lo expuesto por V. E. en el despacho que contesto, dará poderes e instrucciones ad hoc al agente diplomático que por parte de Honduras concurra al Congreso de Plenipotenciarios que deberá reunirse en Guatemala, procurando así economizar tiempo y gastos, y esperando que el Gobierno de Nicaragua hará lo mismo que el de Honduras.

Sería demás indicar la alta ilustración de V. E. que en el ánimo del Gobierno de Honduras no entra ni muy remotamente la intención de hacer disputas o cuestiones por territorios desiertos que debíamos ocuparnos de cuidar de consuno y en provecho común, y que al sostener la posesión real que tenemos en la margen izquierda del Coco, el Gobierno de Honduras obedece menos a sus propias inspiraciones de bien comprobado centroamericanismo, que a los intereses creados en aquel territorio y al sentimiento público fuertemente pronunciado en nuestros departamentos del Norte.

Con sentimientos de la más alta consideración me es grato reiterarme de V. E. atento seguro servidor.

(F.) ADOLFO ZÚÑIGA

Al señor ministro de Relaciones Exteriores de la República de Nicaragua.

Es conforme con su original que se halla en el Archivo de mi cargo, de donde ha sido sacada fielmente esta copia, en Tegucigalpa, a dos de noviembre de mil ochocientos noventa y nueve.

Archivo Nacional de Honduras. – Tegucigalpa.

G. Guardiola, Director del Archivo Nacional

COMUNICACIÓN

del ministro de RR. EE. de Nicaragua al de igual título de Honduras sobre la concesión hecha a Mr. José Van Doren.

———

Managua, agosto 21 de 1887

Señor ministro:

Ha llegado a conocimiento de este Gobierno un acuerdo que expidió el de esa República en 21 de diciembre del año próximo pasado, por la cual hace una concesión de terrenos a un señor José Van Doren, que se asegura ser ciudadano de los Estados Unidos de América.

Este documento lo registra la Gaceta Oficial de Honduras, número 365, correspondiente al 31 de enero del año en curso.

Dicha concesión está deslindada en el referido acuerdo, en los términos siguientes: "comienza en la boca del río Wanks, a lo largo de la costa, en dirección Noroeste, hasta la boca de la laguna Caratasca; de ahí a través de la laguna, hasta la boca del río Guarunta, y siguiendo el curso de este río, aguas arriba, hasta su origen; de este punto en dirección Sur, hasta la confluencia del río Sují con el Wanks; y siguiendo este, aguas abajo, hasta el lugar de partida...".

Con sorpresa observa este Gobierno, que la vasta área así descrita, se halla toda dentro del territorio y jurisdicción de Nicaragua; y se le hace difícil explicarse cómo el de V. E., a quien tiene derecho de considerar animado de sentimientos amistosos para con esta República, pueda haber otorgado semejante concesión.

Siendo el río Patuca el límite de Nicaragua con Honduras por ese lado, mi anterior observación no necesita de más pruebas. Ya otra vez se ha manifestado a ese Gobierno por este Ministerio, los fundamentos en que, sobre el particular, descansan los derechos de Nicaragua; y puedo referirme muy especialmente a la nota dirigida a la Secretaria del digno cargo de V. E., en 12 de octubre de 1875.

Sin olvidar el hecho de que antes de ahora ha habido negociaciones entre este y ese Gobierno para fijar con precisión la línea divisoria, aunque no se haya llegado a ningún resultado definitivo, debe decirse que esas negociaciones, han partido del reconocimiento de los derechos de Nicaragua sobre ese territorio; y que la divergencia de opinión en que han fracasado, solo ha sido relativa a puntos de importancia más o menos secundaria.

El señor presidente, que ha visto con honda pena la medida del Gobierno de V. E. a que me vengo refiriendo, me ha dado instrucciones para manifestarle, que, en obsequio de la justicia y de la armonía que debe presidir en las relaciones de las dos República, espera que no se lleve adelante la concesión hecha al señor Van Doren, la cual este Gobierno no puede considerar válida, por ser atentatoria a los derechos de Nicaragua.

Al cumplir lo dispuesto por el señor presidente, debo protestar a V. E. los sentimientos de amistad de este Gobierno para con el de esa República, y reiterarle los respetos y consideraciones con que soy su atento servidor.

El subsecretario de Gobernación encargado del Despacho,

(F.) PEDRO GONZÁLEZ

A. S. E. el señor ministro de Relaciones Exteriores de la República de Honduras. – Tegucigalpa.

Es conforme. – Tegucigalpa, 6 de septiembre de 1904.

República de Honduras. – Ministerio de Relaciones Exteriores.

MARIANO VÁSQUEZ

COMUNICACIÓN

del ministro de RR. EE. de Honduras al de igual título de Nicaragua

---

Tegucigalpa: 31 de agosto de 1888

Señor ministro:

El señor don José Van Doren, a quien mi Gobierno otorgó hace algún tiempo una concesión en La Mosquitia hondureña, se ha dirigido a esta Secretaría de Estado, manifestando: que el inspector general del cabo de Gracias a Dios le ha intimado en nota de 25 de abril del corriente año, que no debe emprender ningún trabajo en aquel territorio antes que los Gobiernos de Honduras y Nicaragua arreglen sus diferencias por lo que toca a los límites de ambas Repúblicas, añadiendo que dicho inspector le remitió en copia el decreto que con fecha 21 de agosto del año próximo pasado, emitió el Gobierno de V. E., en cuyo decreto se establecen reglas para la adjudicación de lotes y para dar posesión de los mismos a las personas que lo soliciten, en los terrenos comprendidos entre los ríos "Patuca" y "Segovia".

Bastante extrañeza ha causado a mi Gobierno la lectura de ese decreto, cuya copia ha enviado el señor Van Doren, en el cual se dictan disposiciones sobre La Mosquitia hondureña, como si se tratase de un territorio que estuviera bajo la soberanía de Nicaragua, cuando es notorio que pertenece a Honduras, cuyo Gobierno ha tenido y ejercido sobre él, en todas épocas, plena posesión y dominio. Excusable sería tal vez, que el Gobierno de Nicaragua pusiera en duda los derechos de Honduras sobre aquel territorio y pretendiera disputárselo alegando las razones que para ello le asistieran; pero es verdaderamente sorprendente que reconociendo los legítimos derechos de esta República, haya ido tan lejos, hasta el grado de permitirse legislar sobre una porción de territorio perteneciente, por tantos e irrecusables títulos, a una República hermana. Y como mi Gobierno no puede ni debe dejar desapercibido el proceder del de Nicaragua, de que hasta ahora ha tenido noticia; es por esto que he recibido instrucciones del señor presidente de la República para protestar contra el acto del Gobierno de V. E., legislado sobre un territorio que ha estado siempre y está bajo la soberanía de Honduras. Al elevar a V. E. esta protesta debo consignar algunos de los fundamentos que la justifican.

1°. – Las razones consignadas en notas de la Cancillería hondureña que llevan las fechas de 31 de agosto de 1875 y 14 de octubre de 1887, respecto de la soberanía, dominio y posesión que siempre ha tenido esta República en toda la zona comprendida entre los ríos "Patuca" y "Segovia", razones que deben tenerse por reproducidas en el presente despacho.

2°. – En todos los mapas universales y generales y en los especiales de Honduras y Nicaragua, la línea divisoria entre ambas Repúblicas hacia el Norte es el río Segovia, aproximadamente, desde que entra al departamento de Matagalpa hasta que entra en su embocadura. Sobre este punto la sola dificultad que pudiera ofrecerse, sería la de fijar cuál de las bocas del "Segovia", de varias que tiene, es la línea divisoria; pero esa dificultad está resuelta también en el mapa de Centroamérica levantado por el ingeniero don Maximiliano Sonnensterm el año de 1860. Este ingeniero es el mismo que levantó el mapa de Nicaragua en el año 1858 por comisión del Gobierno, según lo expresa en el propio mapa, y el mismo que por muchos años ha estado al servicio de Nicaragua y que ha sido comisionado para definir otras cuestiones de límites. El señor Sonnensterm fija en ambos mapas el río "Segovia" como línea divisoria, con la sola diferencia de que, en el especial de Nicaragua, no delinea las tierras despobladas y, por lo tanto, no determinó cuál de las bocas del río considera como límite; pero lo hizo en el de Centroamérica, señalando la boca que se encuentra más a la derecha, al Sur del Cabo de Gracias a Dios, quedando por lo mismo de parte de Honduras, la margen izquierda de esta boca y todas las que están al Norte de ella.

126

Conviene notar que en los mapas expresados, el ingeniero señor Sonnensterm al señalar la línea divisoria entre Nicaragua y Costa Rica, la fijó conforme a las pretensiones de Nicaragua, pretensiones que han resultado fallidas; lo que prueba que dicho ingeniero estaba muy bien animado en favor de Nicaragua e inspirado por su Gobierno, y que ese espíritu de justicia impulsó a ambos para fijar la línea divisoria con que Honduras tal como se hizo.

Nótese una sola excepción en orden a la línea divisoria trazada en los mapas generales y particulares, y es la del mapa de la República de Nicaragua por Mr. Pablo Levy, en que se fija como límite entre Honduras y Nicaragua, una línea paralela al río "Segovia", sobre las montañas; pero el mismo señor Levy explica, que al trazar esa línea, lo ha hecho conforme a una Convención entre las dos partes que no fue ratificada por el Gobierno de Honduras ni por el Congreso.

3°. – Cierto es que hace algún tiempo, relativamente corto, que varios nicaragüenses han establecido trabajos en la margen izquierda de la boca más septentrional del río; pero este es un hecho contra el cual Honduras no ha reclamado porque no había tenido noticia de ningún acto positivo del Gobierno de Nicaragua que autorizara a creer que la ocupación envolvía pretensiones de soberanía sobre aquella porción del territorio hondureño, principalmente, si se tiene presente que la circunstancia de ser nicaragüenses los ocupantes, no podía ni debía ser causa de alarma para Honduras, ya que, como centroamericanos, por el hecho de pisar nuestro territorio se hacen hondureños conforme a la Constitución de la República, y como tales han tenido el mismo derecho que los nativos, para hacer uso de los terrenos en que fijaban su asiento.

4°. – El muy honorable y distinguido hombre público de Nicaragua, el doctor don Tomás Ayón, cuya reconocida ilustración y rectitud de carácter han sido notorios en Centroamérica, consigna en su Historia de Nicaragua, que al cabo de Gracias a Dios es el límite entre aquella República y la de Honduras. He aquí sus palabras textuales, en la página 61 frente y vuelta de dicha obra:

"De la Punta de Caxinas se encaminó Colón hacia la parte de Levante, salvando grandes peligros, con vientos y corrientes contrarios y navegando a veces solo dos leguas y a veces cinco. A las sesenta leguas de la Punta de Caxinas, y después de una navegación penosa, por las calmas, se encontró con un cabo que entra mucho en el agua y que dándosele vuelta toma nuevamente la costa seguida del mar. A ese punto denominó Colón "Gran Cabo de Gracias a Dios", en demostración de gratitud al Ser Supremo, por haber salvado la flota de los peligros que le habían amenazado. Así fue descubierto Nicaragua por la parte del Atlántico, el domingo 12 de septiembre de 1502".

Es de notarse, que no obstante la preferencia que naturalmente debía dar el doctor Ayón a los intereses de su patria, llevado de su amor a la justicia y a la verdad que deben presidir a las apreciaciones y juicios del historiador, y después de consultar en los archivos, antiguas cédulas y documentos de toda especie, fijó el Cabo de Gracias a Dios como límite entre los dos países.

5°. – La misma línea divisoria está reconocida por Mr. Squier en su obra titulada "Honduras Descriptive, Historical and Statistical", edición londinense de 1870. En el capítulo 2°, página 14, se expresa así "The republic of Honduras, therefore, comprises the territory which pertained to ti as a province. It is bounded upon the north and east by the Bay of Honduras and the Caribean Sea, extending from the mouth of the Río Tinto, lat 15° 45' N., and long 88° 30' W., to Cape Gracias a Dios, at the mouth of the Río Wanks or Segovia, in lat 14° 59', and long 83° 11', being a coast line of about four hundred statute miles. Upon the south it is bounded by the Republic of Nicaragua. The line of división follows the Río Wanks for about two-thirds of its lenght, and thence deflects to the southwest to the sources of the Río Negro, flowing into the Gulf of Fonseca".

El mismo autor dice en la página 15 siguiente y vuelta: "The large island of Roatán, with its dependencias Guaanja or Bonacca, Utilla, Helena, Barbaretta, and Morat, also pertain to Honduras, and are known under the denomination of "The Bay Islands". At one time, Great Britain set up claims to a considerable portion of the Eastern coast of Honduras, from Cape Comorin, or Cape of

Honduras, a few miles to the eastward of Truxillo, to Cape Gracias a Dios, on behalf of the "Mosquito King"; but these pretensions have been formally abandoned by treaty, and the whole territory is now under the recognised and undisputed sovereignty of Honduras".

En virtud de las consideraciones y fundamentos expuestos que abonan y justifican los derechos de Honduras sobre el territorio de que se trata, espera mi Gobierno que le dé V. E., en obsequio de la justicia, de la buena inteligencia y fraternal armonía que existen en ambas Repúblicas, se sirva mandar suspender los efectos del decreto antes citado de 21 de agosto de 1887, en cuanto se refiere al territorio comprendido entre los ríos Patuca y Segovia, y ordene que no se perturbe en sus trabajos al concesionario don José Van Doren ni a ningún otro de parte de Honduras, mientras se procede al deslinde según se ha convenido, de la línea divisoria entre ambas Repúblicas en la Costa Norte.

Aprovecho esta nueva oportunidad para renovar a V. E. las muestras de mi distinguida consideración y aprecio con que tengo el honor de suscribirme su atento servidor.

(F.) JERÓNIMO ZELAYA

Al señor ministro de Relaciones Exteriores de la República de Nicaragua.

Es conforme.

(F.) ALVARADO

Es conforme con su original, que se halla en el Archivo de mi cargo, de donde ha sido sacada fielmente esta copia, en Tegucigalpa, a dos de Nov. de mil ochocientos noventa y nueve.

Archivo Nacional de Honduras. – Tegucigalpa.

G. Guardiola,
Director del Archivo Nacional

RESPUESTA

del ministro de RR. EE. de Nicaragua a la comunicación anterior

———

Ministerio de Relaciones Exteriores
de
Nicaragua

———

Managua, 29 de septiembre de 1888

Señor ministro:

Me he impuesto con la debida atención de la respetable nota de V. E., fechada a 31 de agosto próximo pasado, en la cual me manifiesta que, informado por el señor don José Van Doren de que el inspector general del cabo de Gracias a Dios le ha intimado que no deba emprender ningún trabajo en el territorio que señala la concesión otorgada por el Gobierno de V. E., en tanto no se arreglen las diferencias pendientes sobre límites entre esta y esa República, e impuesto el decreto del 21 de agosto de 1887, que reglamenta y fija la manera de adjudicar lotes en los terrenos comprendidos entre el río Patuca y el Segovia, ha recibido V. E. instrucciones para protestar contra el acto de mi Gobierno de legislar sobre un territorio que ha estado y está bajo la soberanía de Honduras; y basado en las razones que, en su concepto, abonan y justifican los derechos que Honduras cree tener en esa zona territorial, me expresa que en obsequio de la justicia y de la fraternal armonía que existe entre ambas Repúblicas, espera que mi Gobierno se servirá mandar suspender los efectos de la ley antes citada, en todo cuanto se refiere al territorio comprendido entre los ríos Patuca y Segovia, y ordenar, en consecuencia, que no se perturbe en sus trabajos al señor don José Van Doren o a cualquiera otro concesionario de parte de Honduras, mientras se procede a la demarcación de la línea que separa a los dos países en la costa Norte.

Desde luego, cúmpleme hacer presente, antes de entrar en otro género de consideraciones, que con motivo del acuerdo, por el cual el Gobierno de esa República otorgó la expresada concesión de terrenos al señor don José Van Doren, mi Gobierno hizo observar al de V. E., con fecha 25 de agosto de 1887, que tal disposición hería los derechos soberanos de Nicaragua, por hallarse bajo su jurisdicción y dominio el área territorial a que hacía referencia y le excitó cordialmente a efecto de que esa concesión no se llevase adelante, en atención a ese mismo principio de justicia y al espíritu de confraternidad que V. E. invoca, sin la razón ni los motivos de sorpresa que tuvo entonces como ahora mi Gobierno.

A esto debo agregar, que iniciado por esa Cancillería, en nota de 14 de octubre, el pensamiento de que se practique el deslinde definitivo de la frontera de ambas Repúblicas por el lado del Norte, y aceptada luego, en 5 de enero, la proposición que hice a V. E., concretando el mismo punto de la fijación efectiva de los límites, el hecho de no haber paralizado ese Gobierno los efectos de la concesión otorgada al señor don José Van Doren, y el de persistir en el propósito de que se tenga como válida, no se cohonestan con el de requerir la suspensión del decreto que reglamenta la adjudicación de lotes de terreno por parte de Nicaragua, en la circunscripción en que se considera con derecho, a virtud de irrefragables títulos y pruebas.

Es evidente que, si para pretender que se suspendan los efectos de esa ley, y esperar que al concesionario Van Doren no se le perturbe en el uso y posesión de los terrenos referidos, se funda el Gobierno de Honduras en que no deben mantenerse en vigor estas disposiciones en tanto no se verifique la demarcación definitiva de la línea fronteriza, como se desprende del penúltimo párrafo de la atenta nota que tengo la honra de contestar, igual razón milita en favor de mi Gobierno para requerir que cese en sus efectos la concesión que por el de Honduras fue otorgada.

De lo contrario, resultaría una falta de equidad tanto más digna de notarse, cuanto que después de infructuosas negociaciones, y pasado un periodo de más de diez años, el Gobierno de V. E. parecía reconocer tácitamente los derechos de Nicaragua, o al menos admitir la necesidad de establecer la línea divisoria entre ambas Repúblicas, para poner en claro los derechos de cada una.

En este concepto, lo más que en justicia podría proponerse, mientras se verifica la demarcación de la frontera, sería la suspensión por ambas partes de todo acto que implicase jurisdicción y soberanía en la extensión territorial, limitada por el río Patuca y la línea paralela al río Coco, descrita en los Tratados de 1869 y 1870, los cuales aunque no sancionados por las Legislaturas de ambos países, y perjudiciales a Nicaragua, merecieron entonces la aprobación de ambos Gobiernos.

Y aunque, dados los sólidos fundamentos sobre que descansan los derechos de la nación, es hacer más de lo que el deber exige, permitir que la dificultad actual se resuelva de la manera indicada, mi Gobierno está dispuesto a acoger este medio de conciliación, cediendo a los vivos sentimientos de fraternidad que abriga hacia la República de Honduras, y con la esperanza de que esto sea el punto de partida del final y satisfactorio arreglo del asunto.

Por lo demás, no obstante de que en nota de 12 de octubre de 1875 fueron expuestas a ese Gobierno varias de las razones por las cuales se demuestra claramente que los límites de la República se extienden al río Patuca hasta su desembocadura en el Atlántico, razones que no han sido aún desvanecidas, y que someto de nuevo a su elevada consideración; y a pesar del propósito de mi Gobierno de que la discusión de este punto internacional no se prolongue estérilmente, voy a contestar en breves términos las nuevas observaciones con que V. E. intenta robustecer las aducidas en otro tiempo en apoyo de sus tesis.

V. E. manifiesta que todos los mapas, inclusive le de Sonnensterm, comisionado por mi Gobierno para levantar el de la República, indican el río Segovia como límite, aproximadamente desde que entra al departamento de Matagalpa hasta su desembocadura.

El hecho general que cita V. E. relativo a la geografía de estos países carece de comprobación, y no podría admitirse en ningún caso como razón sustancial, sabido como es que muchos de los mapas de América pecan por falta de verdad y exactitud.

Por el contrario, mapas y noticias geográficas de antiguos y modernos viajeros y cronistas, señalan otros límites, y varios de estos documentos están en perfecta conformidad, al designar el río Patuca como línea divisoria, la misma que separaba a las antiguas provincias, y que ha sido reconocida y confirmada en la ley constitucional de esta República.

Juarros, uno de los escritores más verídicos, en la página 45 de sus Tratados preliminares a la Historia de Guatemala, después de enumerar los principales ríos que riegan la parte oriental del territorio de Honduras llega a asegurar terminantemente que el último de estos es el río de Plátanos, distante algunas millas del Patuca.

Por estas y otras causas, no se han sostenido oficialmente los límites indicados en el mapa de Sonnesterm, y antes bien se ha hecho constar el verdadero estado de la cuestión de fronteras con Honduras.

Levy, entra sobre el particular en juiciosas consideraciones, y suministra datos de importancia que tienden al esclarecimiento de los derechos de ambas partes. En la página 68 de las "Notas Geográficas y económica sobre la República de Nicaragua", dice: "La línea divisoria que separa a Nicaragua de las dos Repúblicas vecinas no ha sido nunca bien determinada. En lo que toca a Honduras, varios documentos antiguos prueban que este país, en la Costa del Atlántico, terminaba en el cabo Camaro. Una capitulación hecha con el rey de España por Diego Gutiérrez, fecha 29 de noviembre de 1540, para conquistar lo que ahora es La Mosquitia, lo dice terminantemente. Además, hemos visto que toda la Comarca comprendida entre el río Tinto y el río Coco fue conquistada por Rojas, teniente del Gobernador de Nicaragua, a nombre de quien fundó la ciudad de Natividad y dio el de Laguna de Cartago, a la de Caratasca".

Otro de los argumentos que V. E. presenta como fundamentales es el relato que hace el Dr. Don Tomás Ayón en la "Historia de Nicaragua", de la llegada de Cristóbal Colón al cabo de Gracias a Dios.

Este pasaje del historiador nicaragüense, que V. E. considera como demostración y prueba concluyente en favor de los pretendidos derechos de Honduras, no es más que una simple narración del penoso arribo del ilustre genovés a la Costa Centroamericana y del descubrimiento de Nicaragua en la parte que baña el mar Caribe.

No tienen ninguna otra significación, ni valor trascendental las palabras del escritor sobre ese hecho, ni alcanzó a comprender en qué se apoya V. E. para inferir de ese relato la designación del cabo de Gracias a Dios como límite entre los dos países, pues salta a la vista que el territorio de Nicaragua pudo haber sido descubierto por cualquier punto de sus costas.

Dejando ahora las comprobaciones históricas, y contrayéndome al ejercicio de jurisdicción y dominio, puedo citar a V. E., entre otros muchos actos de soberanía por parte de mi Gobierno, un decreto legislativo de 1840, por el que se habilitaba el río Segovia para el registro de los fletes de comercio que se importasen por él; las contratas celebradas en 1863 y 1865, con Mr. William Waughan junior sobre corte de maderas en los terrenos adyacente a ambas márgenes del río Wanks y sus tributarios; la concesión del cabo Wanks Bar hecha en 1870; el convenio verificado con Mr. S. Relton en 1862 para cortar maderas a dos leguas de las riberas orientales del Wanks, y otros actos ejecutados por autoridades nicaragüenses a vista y paciencia de las autoridades de Honduras.

No creo, además, inconducente, hacer observar a V. E., que habiendo en 1887 traído su Gobierno a colación los tratados de 1869 y 1870, que designan por divisoria una línea paralela al Segovia, como argumento en pro de los derechos de Honduras, son hoy estos mismos Tratados, objeto de observaciones en contrario para sostener que el límite de esa República llega hasta la margen izquierda de este mismo río, en lo cual hay cierta contradicción que no carece de importancia.

Por lo expuesto, espero que adquirirá V. E. el convencimiento de que mi Gobierno no se ha extralimitado al dictar la ley de 21 de agosto, que da reglas para la adjudicación de terrenos entre el río Patuca y el Segovia. Pero deseo de conciliar la dificultad pendiente, como cumple a dos Repúblicas hermanas, y confiado en las protestas de cordial amistad que he recibido de V. E., concluyo insinuándole la idea de que mientras se lleva a cabo la demarcación de la frontera, cesen en sus efectos tanto la concesión hecha al señor don José Van Doren, como la ley arriba mencionada.

En la esperanza de que este pensamiento amistoso merecerá la acogida del Gobierno de V. E., me suscribo, con muestras de la más distinguida consideración, muy atento seguro servidor.

(F.) ADRIAN ZAVALA

A. S. E. el Sr, Ministro de RR. EE. de la República de Honduras.
Es conforme. – Tegucigalpa: 6 de septiembre de 1904.

República de Honduras. – Ministerio de Relaciones Exteriores.

MARIANO VÁSQUEZ

Telegramas cruzados entre los ministros de RR. EE. de Nicaragua y Honduras, respecto del territorio de La Mosquitia.

———

Managua, 26 de junio de 1891

Señor ministro de Relaciones Exteriores de Honduras.

Tegucigalpa

Se ha informado a este Gobierno que por muerte del Coronel Joseph Van Doren, se ha organizado en Nueva York una nueva Compañía "Honduras Commercial Company", para explotaciones agrícolas en el territorio comprendido entre el río Warunta y el Segavia, por concesión de ese Gobierno, y que al efecto ha llegado a Karataska el gerente de la Compañía, Charles Stevens y varios compañeros a dar principio a los trabajos.

El año de 1886 mi Gobierno protestó formalmente por la Concesión que el de Honduras otorgó a Van Doren del mismo territorio, y después de mutuas contestaciones, ambos reconocieron la necesidad de practicar la demarcación definitiva de la línea divisoria. Más tarde, cuando mi Gobierno emitió la ley que reglamenta la enajenación de los terrenos comprendidos entre el Patuca y el Segovia, Honduras protestó, y en virtud de las contestaciones de ese Gobierno, se acordó por ambos, que mientras se lleva a cabo el deslinde de la frontera, cesen los efectos de la Concesión a Van Doren y la ley antes citada.

En la Convención de 24 de enero de 1889, ambos países convinieron en someter al arbitraje la cuestión de límites, en caso de no poder verificar la demarcación de fronteras por comisionados, como se hizo entre Nueva Segovia y Choluteca por la Convención del año anterior.

Todas estas estipulaciones y acuerdos, autorizan a mi Gobierno para encarecer al de V. E. se sirva dictar las órdenes del caso, para evitar que las empresas de la "Honduras Commercial Company" se lleven adelante en el territorio reclamado, si fuese cierto que se trata de emprenderlas y tenga autorización para ello; pues hasta la vez de mi Gobierno no da entero crédito a los informes que se le han transmitido a este respecto.

Reitero a V. E. los homenajes de mi alta estima y consideración.

El subsecretario de RR. EE.,

(F.) T. G. BONILLA

———

Depositado en Tegucigalpa a la 1 y 20 p. m. del 28 de junio de 1891.

Recibido en Palacio a la 1 p. m. del 29.
Señor ministro de Relaciones Exteriores.

Tengo el honor de referirme al telegrama de V. E. de fecha de 26 del corriente, tocante a la compañía titulada "Honduras Commercial Company" de la que han llegado a Karataska, según informes transmitidos al Gobierno de V. E, el Gerente Stevens y varios socios, a dar principio a la explotación agrícola en el territorio comprendido entre ríos Warunta y el Segovia, en virtud de la concesión que se hizo por mi Gobierno al finado coronel Van Doren, acerca de cuya concesión manifestaba V. E. que protestó formalmente su Gobierno en 1886, y que después de varias contestaciones, se reconoció la necesidad de practicar la demarcación definitiva de la línea divisoria; es por el citado telegrama de V. E. que se ha enterado mi Gobierno de la llegada a Karataska del gerente y algunos socios de la "Honduras Commercial Company"; en esta fecha se piden informes al gobernador respectivo sobre el particular. En vista de ellos y de lo que expongan el gerente y socios de la antedicha compañía, y tomando en cuenta los valores que hayan invertido en la empresa, determinará mi Gobierno lo conveniente y será comunicado sin demora a la Secretaría del digno cargo de V. E. Cree mi Gobierno, que no obstante las contestaciones cruzadas entre ambas Cancillerías y la Convención de Arbitraje firmada en esa ciudad en Enero de 1891, no deben suspenderse las empresas agrícolas, que en virtud de concesiones hechas por Nicaragua u Honduras, se llevan a cabo en el territorio de la Mosquitia, que necesita ser poblado, pues los intereses que allí se desarrollaren son intereses de Honduras o Nicaragua, cuando se determine por un laudo la República á que definitivamente pertenezca el territorio de que se trata. El ilustrado Gobierno de V. E. comprende muy bien, que no conviene contener de modo alguno el desarrollo económico de estos países, que, desiertos, necesitan, ante todo, de población y capital.

Me es honroso repetirme de V. E., atento servidor.

(F.) JERÓNIMO ZELAYA

———

Managua, 1° de julio de 1891

Señor ministro de Relaciones Exteriores de Honduras. – Tegucigalpa.

He tenido el honor de recibir el telegrama de V. E., de 28 del corriente, en que promete a mi Gobierno pedir informes al empleado respectivo, sobre la que haya de ciertos de los trabajos en Karataska de la "Honduras Commercial Company", e insinúa la conveniencia de no suspender las empresas agrícolas de la Costa Atlántica, que realizan un verdadero progreso y mejora notable en aquel territorio, cuyos beneficios corresponderán más tarde a cualquiera de los dos Gobiernos a quienes el laudo arbitral asigne el paraje respectivo. Por ser este un pensamiento cuya trascendental utilidad aprecia mi

Gobierno, se acepta de una vez, sin que esta deferencia implique el reconocimiento anticipado de ningún derecho.

Con seguridades de alto aprecio y consideración, soy de V. E. atto. servidor.

(F.) E. RIZO

COMUNICACIÓN

del ministro de RR. EE. de Nicaragua, reclamando del de Honduras la suspensión de los trabajos de la "Compañía Comercial de Honduras".

Palacio Nacional, Managua, diciembre 14 de 1894.

Señor ministro:

Mi Gobierno ha creído necesario poner en conocimiento del de esa República el siguiente hecho y las pretensiones del señor J. A. Gargiulo, tesorero de la "Honduras Commercial Company".

Reconvenido este señor por el inspector general del cabo Gracias a Dios, por los trabajos de extracción de maderas en el "Croats River", en cuyo territorio ha ejercido siempre plena jurisdicción la autoridad nicaragüense, cuyos derechos desconoce aquel: manifestó: que desde el 21 de diciembre de 1886, le fue concedido a la Compañía Comercial de Honduras, por ese Gobierno el territorio que existe en la costa atlántica, desde el río Wanks hasta la boca de la laguna Karataska siguiendo la costa, y desde este punto a través de la misma laguna hasta la boca del río Warunta, y siguiendo el curso de este, aguas arriba, hasta su origen; de este lugar tomando la dirección del Sur, hasta la confluencia de los ríos Sují y Wanks, cuyas aguas se siguen hasta llegar a la boca del mismo: que en esta virtud no puede reconocer otra autoridad que la de esa República, y que ha dado cuenta de lo ocurrido a ese Gobierno.

Séame permitido recordar a V. E., que desde el año en que se otorgó aquella concesión al coronel Joseph Van Doren, mi Gobierno hizo las reclamaciones debidas y presentó las protestas del caso; y que el 26 de junio del año de 1891, en virtud de las protestas de ese Gobierno por la emisión e la ley reglamentaria de la enajenación de tierras comprendidas entre el Patuca y el Segovio, que dictó

Nicaragua, esta Secretaría pidió al Gobierno de Honduras no autorizase a la compañía mencionada para continuar sus empresas que trataba de restablecer. Y aunque más tarde convino Nicaragua, por medio de un simple telegrama, en que las empresas agrícolas que importasen una mejora permanente en el territorio disputado, se llevasen a efecto sin implicar esto el reconocimiento de ningún derecho jurisdiccional y de dominio para ambos países; no debe creerse que el asentimiento de esta República autorice a la "Honduras Commercial Company" para la extracción de maderas y otra clase de especulaciones en el lugar referido, mientras no se señalen los límites que demarquen estos Estados.

En tal virtud, pido al Gobierno de V. E., en nombre del mío, se sirva ordenar al representante de la Compañía mencionada, la suspensión de los cortes de maderas establecidos en el río Crota.

Al acompañar a V. E. las copias que se refieren a este asunto, me es grato protestarle de nuevo mis sentimientos de alta estima y distinguida consideración.

(F.) F. BACA h.

Excmo. Sr. Ministro de Relaciones Exteriores del Gobierno de la República de Honduras. – Tegucigalpa.

Es conforme. – Tegucigalpa: 6 de septiembre de 1904.

República de Honduras. – Ministro de Relaciones Exteriores.

MARIANO VÁSQUEZ

COMUNICACIÓN

del ministro de RR. EE. de Nicaragua, referente a la "Compañía Comercial de Honduras"

————

Palacio Nacional. – Managua: 21 de febrero de 1895.

Señor ministro:

Por el despacho de V. E., de 12 del actual, queda enterada esta Secretaría de que su Gobierno, no obstante de los derechos que atribuye a Honduras en el territorio que se encuentra en la margen izquierda del río Wank, prohibió a la "Honduras Commercial Co.", la extracción de maderas en él, por no habérsele concedido jamás este permiso.

Sobre el primer punto, séame permitido recordar a V. E., y sentar como una premisa en el debate de ambas Repúblicas sobre la línea fronteriza de la costa atlántica, que no siempre ha estado fuera de duda para ese Gobierno su jurisdicción territorial hasta el río Segovia, porque el año de 1869, durante la Administración del general Medina en esa y del general Guzmán en esta, los comisionados de ambas Repúblicas reconocieron el Patuca como línea divisora, hecho que se confirmó en el pacto ajustado por el representante de ese país, Dr. Ramón Uriarte, que el Congreso más tarde improbó, como sucede frecuentemente por desgracia, en la América española, donde las cuestiones de fronteras se hacen interminables.

Reciba V. E. las seguridades de mi distinguida consideración.

(F.) F. BACA, h.

A. S. E. el señor ministro de Relaciones Exteriores de la República de Honduras. – Tegucigalpa.

Es conforme. – Tegucigalpa: 6 de septiembre de 1904.

República de Honduras. – Ministerio de Relaciones Exteriores.

MARIANO VÁSQUEZ

Señor ministro:

He tenido la honra de recibir el despacho de Vuestra Excelencia, fecha 1° del mes de junio del corriente año, con el cual se remite varios documentos en copia que comprueban, en su concepto, actos de jurisdicción ejercidos por agentes de las autoridades hondureñas, en puntos en donde siempre ha sido reconocida y acatada la jurisdicción nicaragüense.

Se sirve, además Vuestra Excelencia manifestar en dicho oficio, que mientras se trace la línea divisora entre ambas Repúblicas, es conveniente mantener el statu quo para evitar choques jurisdiccionales que podrían perturbar la buena armonía que felizmente existe entre Nicaragua y esta Nación; y que, en esa virtud, excita a mi Gobierno para que, si lo tiene a bien, ordene a las autoridades de la frontera que mantengan el statu quo y eviten toda dificultad con las de Nicaragua.

Por haber estado fuera de la capital el señor presidente, y luego hallarse enfermo a su regreso de Amapala, no había podido contestar a Vuestra Excelencia, haciéndolo ahora en cumplimiento de las instrucciones que él me ha dado.

El Gobierno de Honduras queda impuesto de los conceptos de las comunicaciones remitidas en copia; pero no ve en ellas comprobado que las autoridades hondureñas hayan ejercido actos de jurisdicción en territorio reconocido y respetado como perteneciente a esa República. Los oficios del Gobernador del cabo de Gracias a Dios, en que afirma que algunos caseríos de la margen izquierda del río Segovia hayan reconocido las autoridades nicaragüenses, no demuestran que Honduras, con conocimiento del hecho, haya aceptado la posesión por parte de Nicaragua.

El oficio del señor gobernador del cabo a la Comisión hondureña, contiene graves inexactitudes que no puedo dejar pasar desapercibidas.

Dice que Nicaragua, con conocimiento de Honduras, ha ejercido jurisdicción en toda la margen derecha del río Patook y la izquierda del Segovia. Esa afirmación es completamente destituida de fundamentos. Nicaragua en ningún tiempo ha estado en posesión, y menos con conocimiento del Gobierno de Honduras, del extenso territorio comprendido entre los ríos Patook y Segovia, y lo más que se ha discutido es la jurisdicción de algunos caseríos de escasa importancia, pertenecientes al distrito de Ilaya, que quedan inmediatos al río Segovia.

Dice también el gobernador del cabo en su mismo oficio, que el Gobierno hondureño ha manifestado al de Nicaragua que se había ordenado a las autoridades de la Mosquitia que suspendiesen los trabajos de "Honduras Commercial C.", por no conocer a quien pertenecía en definitiva la faja de terreno expresada. Con la inserción de una parte de mi oficio de 12 de febrero del corriente año, ha querido el señor gobernador del cabo demostrar a las autoridades hondureñas que mi Gobierno había reconocido la jurisdicción de Nicaragua en aquel territorio. Eso constituye manifiesta falsedad, porque el señor gobernador suprime los otros conceptos de mi nota, en que claramente se indica el motivo que se tuvo para suspender los trabajos de dicha compañía, sin que eso implicase reconocimiento de las pretensiones de Nicaragua, que no se han aceptado, como se deduce de las siguientes palabras que el señor guerrero dejó de insertar en su comunicación: "Aunque mi Gobierno no puede poner en duda los derechos de Honduras al territorio que se encuentra a la margen izquierda del río Segovia, dicta la resolución que he indicado, etc., etc.".

Llamo especialmente la atención de Vuestra Excelencia sobre esos hechos, porque revelan el espíritu poco conciliador de que se encuentra animado el gobernador del cabo; y no dudo que el Gobierno de Vuestra Excelencia se servirá indicarle que en lo sucesivo procure evitar dificultades con las autoridades de esta República.

A mi vez, señor ministro, remito a Vuestra Excelencia copia autorizada de varios documentos que he recibido de las autoridades de La Mosquitia, que indican los abusos y violencias cometidos por agentes de las autoridades del cabo.

Tengo la convicción de que el Gobierno de Nicaragua, al tener conocimiento de esos hechos, ordenará que se siga la correspondiente averiguación para el castigo de las personas responsables, con el fin de evitar que en lo futuro se susciten cuestiones sobre posesión, que a nada conducen y solo acarrean el descontento entre las poblaciones limítrofes.

Tanto el Gobierno de esta República como el de Nicaragua, se han mostrado inspirados en levantados propósitos, al procurar, por la Convención firmada en esta ciudad y que ha merecido la aprobación del Poder Legislativo de ambas Repúblicas, que los límites divisorios se tracen de un modo definitivo y se resuelva amistosamente por medio de arbitraje toda cuestión que pueda presentarse; pero si esos nobles propósitos son contrariados por las autoridades subalternas y ocurren continuas desavenencias que van irritando los ánimos, aun cuando después se haga la demarcación de fronteras, quedará subsistente la odiosidad entre los pueblos vecinos, que hoy por fortuna no existe y que debemos procurar no aparezca.

Por tal motivo, mi Gobierno está perfectamente de acuerdo con el de Vuestra Excelencia en que mientras la línea divisora no se trace en la forma convenida, se respeta el statu quo, y en consecuencia dicta sus órdenes para ese fin; pero para que pueda llevarse a debido efecto, es necesario que el Gobierno de Vuestra Excelencia emita sus disposiciones en igual sentido, ordenando a las autoridades de la frontera que se abstengan de todo acto que pueda crear dificultades con las de esta República, y ejerzan su acción únicamente en los lugares donde lo han estado haciendo sin oposición, y no pretendan avanzar más, ya que la posesión de hecho en nada influirá para la demarcación de los límites jurisdiccionales de ambos países.

Como creo que pronto podrá verificarse el canje de las ratificaciones de la Convención de límites y organizarse las comisiones respectivas, abrigo la esperanza de que están para terminar definitivamente las dificultades jurisdiccionales; pero en todo caso, crea Vuestra Excelencia que el Gobierno de Honduras se encuentra animado de los sentimientos más fraternales y amistosos respecto del de esa República, y que no omitirá medio alguno que esté a su alcance para procurar la solución conveniente de cualquiera dificultad que se presente, mientras quede hecho el trazo definitivo de la línea divisoria.

Con tal motivo, me es grato reiterar a Vuestra Excelencia las seguridades de mis más distinguidas consideraciones, y suscribirme su atento y S. S.

(F.) CESAR BONILLA

A Su Excelencia el señor ministro de Relaciones Exteriores del Gobierno de Nicaragua. – Managua.

CAPÍTULO V

DOCUMENTOS RELATIVOS A LA
GESTIÓN ADMINISTRATIVA DEL
GOBIERNO DE NICARAGUA
EN EL TERRITORIO DE LA
MOSQUITIA NICARAGÜENSE

CERTIFICACIÓN
de un acuerdo del Gobierno, en que se acepta propuesta de varios terrenos en la costa Norte

———

Como ministro general del Supremo Gobierno del Estado.

Certifico: que en el libro de acuerdos de hacienda comenzados el 23 de junio de 1854, se encuentra la disposición que dice: Gobierno Supremo del Estado. – Comayagua, septiembre 10 de 1854. – Se dio cuenta con un escrito del señor don Agustín Follin, en el que por sí y a nombre de la Compañía de Tierras de Honduras de que es individuo, a la cual representa como agente autorizado, dice que propone comprar los terrenos baldíos o de la propiedad del Estado que comprenden todo lo que lleva el nombre de territorio mosquito y que abraza la línea demarcada por el señor Chatfield en la costa del Norte e islas respectivas al mismo tiempo que los que haya entre la margen oriental del río Romano y la verdadera línea divisoria de este Estado con el de Nicaragua que termina en la desembocadura del río de cabo de Gracias a Dios, como también las tierras públicas que se encuentran en las islas del mismo Estado conocidas con los nombres de Guanaja, Barbareta, Mura, Elena, Roatán, Utila, y debiendo la Compañía tener y poseer dichas tierras y todas sus pertenencias, con el derecho de arrendadas, venderlas o traspasarlas a otros en perpetuidad, las cuales tendrá la propia Compañía como parte del Estado, bajo su soberanía y sujetos como sus habitantes a las leyes respectivas en todo respecto; ofreciendo reunir en los puntos que crea más aparentes los indios Payas, Tuacas o Jicaques para que formen pueblos; diez pesos plata por cada caballería de las que resulten de la medida que se haga, mitad en efectivo y la otra mitad en acciones de la Compañía, debiendo considerarse para evitar equivocaciones, que treinta y seis caballerías de tierra serán iguales a una legua cuadrada.

Y considerando el Gobierno que la propuesta que antecede ofrece las ventajas de que el terreno a que se refiere se conserva bajo la soberanía y señorío de Honduras a quien legítimamente corresponde, y sobre el cual ha pretendido el Gobierno de S. M. B. establecer un dominio injustificable con pretexto de proteger al supuesto rey de los mosquitos; y de que poblándose los desiertos que comprende y cultivándose por brazos laboriosos se desarrolle la riqueza territorial, se civilicen y mejoren de condición las tribus salvajes que en ellos se encuentran diseminadas y se aumente por consiguiente la importancia estadística de Honduras, en uso de sus facultades ha tenido a bien emitir el siguiente.

ACUERDO:

1°. – Se acepta la propuesta hecha por el señor D. Agustín Follin como agente autorizado a nombre de la Compañía de Tierras de Honduras sobre comprar los terrenos baldíos que se comprenden en las islas que indica y en las costas del Norte **desde la desembocadura del río Romano o Aguán hasta el río del cabo Gracias a Dios, lindero divisorio del Estado de Nicaragua**, sin determinarse por ahora la extensión que debe tener al interior, que será la que fije el Cuerpo Legislativo; y entendiéndose por caballería un área que comprende seiscientas cuarenta y cinco mil ochocientas diez y seis y octava varas cuadradas... 8645.816 1/8 V^SC^s) o lo que es lo mismo, un paralelogramo de veintidós cuerdas de a cincuenta varas y treinta y seis y media varas más de largo y la mitad de ancho.

2°. – Se exceptúan de esta contrata aquellas porciones de terreno que se consideren necesarias para ejidos de los pueblos de indígenas que existen nómades o establecidos en aquellos desiertos.

3°. – Como inherente a la Soberanía del Estado, el Gobierno conserva el derecho de habilitar puertos, aduanas y levantar fortificaciones en las islas y puntos de la enunciada costa que juzgue convenientes, comprando a la Compañía los terrenos que para tales fines necesite, al mismo precio en que ahora se los vende.

4°. – La Compañía podrá hacer uso de cada porción del terreno referido tan luego como sea medido y pagado su valor al Estado en los términos que propone, obteniendo el título correspondiente; y

5°. – La admisión que por el presente se hace de la propuesta presentada por el señor don Agustín Follin, como agente autorizado a nombre de la Compañía de Tierras de Honduras, deberá tenerse como una iniciativa y por consiguiente queda sujeta a la aprobación del Cuerpo Legislativo, a quien para tal fin se le dará cuenta con este acuerdo y antecedentes en su próxima reunión, librándose de él mismo, entre tanto, un testimonio autorizado para los fines que convengan al mencionado proponente.

(F.) CABAÑAS

Y para los fines que convengan extiendo la presente a los 20 días del mes de diciembre de 1855.

MEZA

DECRETO

del P. E. declarando que las Islas de la Bahía y territorio mosquito quedan bajo el dominio y soberanía de la República.

———

S. E. el señor capitán general presidente del Estado.

Por cuanto: en atención a que está ratificado y canjeado el tratado concluido con el Gobierno de S. M. B., por el cual se devuelven al Estado las Islas de la Bahía y territorio mosquito, ha tenido a bien emitir el siguiente.

DECRETO:

Art. 1°. – Las Islas de la Bahía y territorio mosquito, en la parte de Honduras, quedan desde hoy para siempre bajo el dominio y soberanía de la República.

Art. 2°. – Los habitantes de los referidos lugares quedan sujetos al Gobierno del Estado, y como súbditos serán eficazmente protegidos en sus personas, propiedades y derechos.

Art. 3°. – Se faculta al Sr. Comandante del puerto de Trujillo, licenciado don Rafael Padilla Durán y al señor don Francisco Cruz para que a nombre del Gobierno tomen posesión de los indicados territorios, y para que establezcan en sus diversos ramos, el régimen que juzguen más conforme a las necesidades e intereses de aquellos habitantes. En consecuencia, las autoridades civiles, militares y de hacienda del departamento de Yoro, auxiliarán puntualmente a dichos señores en todo lo relativo al desempeño de su misión.

Art. 4°. – El presente decreto se pondrá en conocimiento del S. C. L. excitándole para que dicte las disposiciones porque han de regirse definitivamente las expresadas islas y territorio mosquito.

Dado en Comayagua, en la Casa de Gobierno, a 22 de abril de 1861.

(F.) SANTOS GUARDIOLA

El ministro de Relaciones y Gobernación.

(F.) CRESCENCIO GÓMEZ

DECRETO

del P. E. organizando la administración del territorio de mosquitos de Honduras

———

El presidente de la República de Honduras.

Queriendo proveer de la manera más conveniente el bien y educción de los morenos, indios mosquitos, zambos y payas **situados desde el río Aguán hasta el cabo de Gracias a Dios, y desde el de Plantín River hasta el de Guayape, comprendiendo los demás ríos intermedios**; y considerando: que una de las cosas que deben contribuir a facilitar este propósito, es el nombramiento de una persona capaz de regir aquellas tribus en conformidad con sus intereses y condiciones actuales ha tenido a bien expedir el siguiente:

DECRETO

Art. 1°. – Se nombra gobernador civil y militar de las expresadas tribus, situadas en los puntos indicados, al señor don José Lamote, debiendo este funcionario percibir el sueldo que le designe el Gobierno.

Art. 2°. – El gobernador de que habla el artículo anterior, se empeñará eficazmente por la realización de los objetos siguientes: 1°. Inspirar a los indios selváticos el gusto por la labranza, la agricultura y demás artes que ocurren inmediatamente al sustento y mantenimiento de la vida; 2°. Procurar que formen poblaciones considerables en donde puedan irse desenvolviendo gradualmente los usos y hábitos de la vida social; 3°. Hacer que en estas poblaciones levanten ermitas para la celebración del culto cristiano en que precisamente debe instruírseles; 4°. Empeñarse en la pronta catequización de todos aquellos individuos que hasta la fecha no hubiesen abrazado la religión del país; 5°. Comenzar a establecer tan luego como sea posible, las escuelas en que deben recibir los primeros e indispensables rudimentos de la enseñanza católica; 6°. Designar terrenos a los indios selváticos, así para que planteen sus casas como para las demás labores de la agricultura; 7°. Contribuir por su parte a que se cumpla el reglamento que el señor misionero don Manuel Subirana, con autorización del jefe político del departamento de Yoro, expidió para favorecer los intereses de los indios. Tiene así mismo facultades el gobernador para el nombramiento de las autoridades subalternas en los lugares en que estime oportuno, y para corregir las faltas de estas en el ejercicio de las funciones que les encomiende.

Art. 3°. – El gobernador protegerá toda misión religiosa que con aprobación del Gobierno se ocupare de la catequización e instrucción de las mencionadas tribus; debiendo dar cuenta de los progresos que se notaren en la educación de ellas.

Art. 4°. – La residencia del gobernador será en el punto llamado "La Criba".

Dado en la ciudad de Tegucigalpa, en la Casa de Gobierno, a 26 de noviembre de 1861. – Rubricado por S. E.

El ministro de Relaciones y de Gobernación.

(F.) CRESENCIO GÓMEZ

COMUNICACIÓN

del ministro de Relaciones al gobernador de la Mosquitia

———

Ministerio General del Supremo Gobierno
del
Estado de Honduras

D. U. L. – Casa de Gobierno, Santa Rosa, mayo 26 de 1862.

Señor don José Lamote, gobernador de la Costa Mosquita.

He dado cuenta al Supremo Gobierno con una nota del jefe político del departamento de Olancho (fecha 16 de abril) en la que trascribe la que Ud. le dirigió de San José Río Tinto el 19 de marzo. Por ellas se impone el Gobierno de haber verificado Ud. una visita a la costa y del estado en que se hallan aquellos habitantes; de los motivos de resentimiento que tienen con el Gobierno por la indiferencia con que dicen ser vistos; y concluye dando noticia de que algunos súbditos ingleses han establecido cortes de maderas en territorios de Honduras y Nicaragua en el cabo Gracias a Dios. Sobre todo he recibido orden de contestar a Ud. 1° que haga comprender a los habitantes de la costa que el Gobierno de Honduras a cuya sociedad pertenecen y bajo cuyas leyes y pabellón existen como sus súbditos, nunca puede ser indiferente ni dejar de procurarles todas las garantías y goces que disfrutan los ciudadanos hondureños; que si no ha tomado posesión de aquella costa con las solemnidades que se tomó en Roatán e Islas de la Bahía, ha sido porque las interioridades de la República han embargado su atención de tal manera que aunque el orden está sólidamente establecido, aún no ha podido llegar a plantearse la administración en la Capital; que luego que le verifique dirigirá sus miradas a los habitantes de la costa para procurarles su bienestar; **2°. Respectivamente a los cortes de Caoba establecidos en el cabo Gracias a Dios, por súbditos ingleses**, dirigirá Ud. una nota comedida al agente principal de la compañía de los cortes pidiéndole le explique con qué facultad, contrata o negocio se verifican dichos cortes. La contestación original que Ud. reciba la dirigirá a este Ministerio quedando a Ud. copia, junto con un informe en que indique desde qué fecha han comenzado el corte, por cuenta de quién etc., etc., para dirigirnos con todo al cónsul inglés. Luego que el Gobierno se encuentre en la capital se dará a Ud. aviso y recursos para que venga a ella a arreglar todo lo concerniente al Gobierno de esa costa.

S. E. el presidente de la República confía en que Ud. tomará el mayor interés en conservar en Honduras ese territorio y en inspirar a sus moradores amor a sus instituciones y respeto a su Gobierno. Así contesto a la referida de Ud. de 19 de marzo, y al hacerlo tengo la satisfacción de firmarme de Ud. atento servidor.

(F.) CARLOS MADRID

Es conforme con su original que se halla en el Archivo de mi cargo, de donde ha sido sacada fielmente a esta copia, en Tegucigalpa, a primero de noviembre de mil ochocientos noventa y ocho.

Archivo Nacional de Honduras. – Tegucigalpa.

G. Guardiola
Director del Archivo Nacional

El infrascrito, secretario de Estado en el Despacho de Gobernación, certifica:

Que es auténtica la firma que antecede del director del Archivo Nacional, que dice: "G. Guardiola".

Tegucigalpa: 3 de febrero de 1900.

República de Honduras. – Ministerio de Gobernación.

César Bonilla

El infrascrito, subsecretario de Estado en el Despacho de Relaciones Exteriores. Certifica la autenticidad de la precedente firma del señor ministro de Gobernación, que dice: "César Bonilla". Tegucigalpa, 5 de febrero de 1900.

República de Honduras. – Ministerio de Relaciones Exteriores.

Ricardo Pineda

ACUERDO

del P. E., exonerando a don José Lamothe del cargo de gobernador político y militar de la Costa de Mosquitos.

Casa Nacional. – Comayagua: junio 15 de 1863.

El Gobierno, en consideración a que el señor José Lamothe no puede ejercer sus funciones de gobernador en la Costa de Mosquitos, porque su escasa fortuna no le permite residir en los puntos donde habitan aquellas tribus selváticas, según se ve del informe del señor jefe político de Olancho; a que además su enemistad personal con uno de los jefes de aquellas tribus, el capitán Bul, lo pone en peligro de su vida, según el mismo informe: no habiendo fondos en las rentas públicas para hacerle por ahora una asignación, ni siendo justo obligarlo a que permanezca en el ejercicio de su empleo sin compensación ninguna, en uso de sus facultades.

ACUERDA:

Art. 1º. – Exonerase al señor José Lamothe del empleo de gobernador civil y militar de la Costa de Moquitos, dándole las gracias por los servicios que ha prestado en este tiempo.

Art. 2°. – Nómbrase como tal gobernador al señor don Guillermo Herrera, con obligación de residir en el punto de la costa en donde sea más importante su presencia.

Art. 3°. – Las facultades del gobernador nombrado serán las mismas que señala el decreto de 26 de noviembre de 1861.

Comuníquese a quienes corresponde, e imprímase en la Gaceta Oficial.

Hay una rúbrica de S. E. El ministro general.

(F.) GARRIGO

DOCUMENTOS

relativos a los trabajos apostólicos del finado misionero Subirana

———

Ilmo. Sr. Dr. D. Juan de Jesús Zepeda, obispo de Honduras.

Yoro, junio 27 de 1864.

Ilmo. Señor:

Como zagal del pastor general de Honduras, es muy justo que dé razón a U. S. I. de la porción de ovejas que se digna permitirme cuidar. La misión especialmente en el departamento de Yoro ya comienza a progresar, gracias a Dios. Los neófitos de varios puntos han levantado ya sus casas en rededor de las ermitas, y muchos otros las van a levantar. Da gusto en varios puntos el ver cómo ya saben rezar solos y saben lo necesario de necesite medi et precepti. Las iglesias bendecidas son las de los Guineos, Pueblo Quemado, Tablón, Bolieta Pintada, S. Francisco y Santa Rita, y voy a bendecir la de Las Vegas. Se están acabando de componer la iglesia de San Lorenzo, del Ojo de Agua y de Guajiniquil; se están levantando la del Anisillo, Siriano, Palmar y Reinado, y la del Benque de Lagunetas; se deben levantar la del Pate de Candelaria, y está empalada la de Tela; está bendecida la de Gunia y se debe levantar la del Agua Caliente de Guadarrama.

En Olancho he logrado también reunir los indios Payas en solo dos puntos, que son el del Dulce Nombre y el de Santa María del Carbón y les he puesto rezadores y maestros de escuela. Hay también escuela en Pueblo Quemado, en Los Guineos y en el Ojo de Agua y pienso ir poniendo en los demás puntos así como se pueda.

Ilmo. Señor: pasando a hablar de otra cosa, tengo el honor de decirle, que el Ilmo. Señor obispo de Nicaragua me ha dado facultades para casar gente en lugares remotos a donde no saben llegar los curas de parroquia. En tiempo del Ilmo. Sr. Flores, y del Cabildo sede vacante, también tuve esas facultades en Honduras, y no fue poco el fruto que por ese medio se hizo, pues la costa Norte, habitada en parte por caribes, en gran número diabólicamente supersticiosos, y por otra parte de ladinos muy mal reputados, se compuso de manera que no se conoce a sí misma. Y aunque las dichas facultades se me habían dado sin límites, no me atreví a hacer uso de ellas, sin consultarlo con U. S. I. De aquí es que el año pasado al pasar por la costa del Norte, según lo acostumbrado una vez cada año, mucho me pidieron matrimonio y me negué diciendo, que debía primero escribir al I. Señor obispo, quedando ellos con la esperanza que cuando vuelva a pasar por ella les he de cesar. Sírvase por tanto Ilmo. Señor contestarme con el dador lo que juzgue conveniente, y decirme si debo concretarme a casar a los indios y zambos; o si podré casar también a los caribes que se hallan en igual necesidad a la de los indios; y en fin si quiere que case a los ladinos también que viven en la dicha costa y otros lugares remotos. Debiendo advertir, que en lo dicho no tengo otro interés que la gloria de Dios y la salud de las almas.

Voy a dar a U. S. I. una relación de la mentada costa: **La costa Norte de Honduras, comienza en el cabo de Gracias a Dios, que dista 80 leguas de Trujillo, y 120 de Omoa.** Del dicho cabo a Blackriver, o Lacriba, hay 50 leguas de costa habitada por 3,000 zambos cuya mayor parte instruí como pude y los bauticé.

Desde Blackriver a Trujillo hay 30 leguas de costa habitada por negros caribes, cuyos pueblos son: Tucamacha, Sangrelaya, la Punta Iriona, Ciriboya, Cosuna, Punta Piedra, Urraco, Limón, Aguán, Trujillo, y caminando de Trujillo para Omoa, hay de la misma gente los pueblos Pauta, Icaco, Punta Quemada y Cieneguita.

A 12 leguas de distancia de Trujillo, caminando para Omoa, comienzan los pueblitos de ladinos que son: Bafalte, Ramírez, Cangrejal, Río Bonito, Río Salado, Río Cuero, Zambuco y Zambuquito, Tela y Laguna Quemada. Varios dichos pueblos tienen casa de oración, que a instancia mía con el permiso del señor del Cid, se levantaron, como son: Sangrelaya, Limón, Aguán Punta

Icaco, Río Bonito, Balfate y Cieneguita. Los mentados pueblos a excepción de Trujillo, apenas han tenido otro cuido que el del tiempo que los cuidó fray Ramón Rojas, y el del tiempo que los he cuidado yo; y tejas abajo no hay que esperar cuido, cuando no lo haga algún misionero, ya porque aquellos habitantes están muy remotos, ya porque son muy pobres, y es preciso hacerles todo gratis.

Ilmo. Señor: con el permiso del señor del Cid y dando razón al cura de Agalta, y al alcalde de San Esteban, tomé posesión de unas reses de los antiguos misioneros, y de la iglesia de San Esteban; pero no he gastado ni una res, ni he llevado de la iglesia más que un Santo Cristo y una campana para la iglesia de Santa María del Carbón, esto es del pueblo donde está ahora los indios Payas.

(F.) MANUEL SUBIRANA

Relación de los progresos de la Misión

Indios de Honduras: se han bautizado más de ocho mil, esto es, **como dos mil mosquitos, como ciento cincuenta tuacas,** más de setecientos payas, más de cinco mil quinientos xicaques, sin contar dos mil caribes negros que viven a continuación de la Mosquitia desde la Blackriver hasta Trujillo y hasta Omoa.

Ermitas proyectadas, algunas de las cuales ya se están levantando.

En la Mosquitia, el cabo de Gracias a Dios, Patuc, Blackriver. En cada uno de estos tres últimos puntos, que son los más concurridos, debe haber también una escuela para civilizar con la religión e instrucción a los mosquitos.

También se han proyectado ermitas o casas de oración en cada uno de los pueblos de caribes negros, como también en los indios de Río de Cuero y Laguna Quemada, que es sobre la costa de Trujillo a Omoa. *

Trujillo, diciembre 12 de 1864

Señor ministro de Hacienda y Guerra del Supremo Gobierno del Estado.

El señor don Guillermo Vaughan que acaba de llegar a este puerto, se ha presentado con sus agentes en esta oficina **pidiendo que proceda al remate de las maderas que se hallan al oeste del río Segovia en la parte que pertenece a esta República,** por haber aceptado las bases que sobre el particular dirigió el Supremo Gobierno al jefe político de Olancho en 1° de octubre del corriente

---

* Gaceta Oficial de 25 de febrero de 1865. – Tomo 6° núm. 21 – 3

año. Yo me he negado a esta demanda, porque aunque en comunicación oficial del referido jefe, me ha mostrado el señor Vaughan tales bases, ellas no son más que la iniciación de un contrato en que todavía no se ha designado el administrador de Rentas que debe proceder a ese remate, y lo único que puedo hacer es dar cuenta al Supremo Gobierno para que disponga lo conveniente. El señor Vaughan desea que el contrato se extienda bajo las mismas bases a cualquiera o cualesquiera de los demás ríos de las inmediaciones en que pueda convenirle cortar maderas, y sobre este respecto piensa dirigir una exposición al Supremo Gobierno. De todo espero se sirva U. S. dar cuenta a S. E. el señor general presidente y admitir la reproducción de mis afectos.

(F.) PAULINO NIETO

Es conforme con su original que se halla en el Archivo de mi cargo, de donde ha sido sacada fielmente esta copia, en Tegucigalpa, a primero de noviembre de mil ochocientos noventa y ocho.

Archivo Nacional de Honduras. – Tegucigalpa.

G. Guardiola,
Director del Archivo Nacional.

El infrascrito, secretario de Estado en el Despacho de Gobernación del Gobierno de Honduras, certifica:

Que es auténtica la firma que antecede del director del Archivo Nacional, que dice: "G. Guardiola".

Tegucigalpa: 3 de febrero de 1900.

República de Honduras. – Ministerio de Gobernación.

César Bonilla.

El infrascrito subsecretario de Estado en el Departamento de Relaciones Exteriores.

Certifica la autenticidad de la precedente firma del señor ministro de Gobernación, que dice: "César Bonilla".

Tegucigalpa: 5 de febrero de 1900.

República de Honduras. – Ministerio de Relaciones Exteriores.

Ricardo Pineda.

————

Señor ministro del interior del Supremo Gobierno de la República.

Señoría:

Al encargarme nuevamente de la Comandancia de este puerto después de la licencia que me concediera el Supremo Gobierno, me encontré con el acuerdo supremo de 3 de abril, **que anexa la Gobernación de la costa Mosquitia a dicha Comandancia** y se me previene la visite con frecuencia. Lo más pronto que me fue posible hice mi primer viaje regresando ayer tarde al mes que me reclaman su castigo los pueblos de la Mosquitia, y no sé a qué autoridad someter su fallo, ni he requerido dejarlo para que sea ahorcado sin forma de juicio como habría sido según costumbre.

Al dirigirme a U. S. me suscribo muy atento S. S.

(F.) CASTO ALVARADO.

Es conforme con su original, que se halla en el Archivo de mi cargo, de donde ha sido sacada fielmente esta copia, en Tegucigalpa, a primero noviembre de mil ochocientos noventa y ocho.

Archivo Nacional de Honduras. – Tegucigalpa.

G. Guardiola,

Director del Archivo Nacional.

El infrascrito, secretario de Estado en el Despacho de Gobernación del Gobierno de Honduras, certifica:
Que es auténtica la firma que antecede del director del Archivo Nacional, que dice: "G. Guardiola".

Tegucigalpa: 3 de febrero de 1900.

República de Honduras. – Ministerio de Gobernación.

César Bonilla.

El infrascrito subsecretario de Relaciones Exteriores, certifica la autenticidad de la precedente firma del señor ministro de Gobernación, que dice: "César Bonilla".

Tegucigalpa, 5 de febrero de 1900.

República de Honduras. – Ministerio de Relaciones Exteriores.

Ricardo Pineda.

———

Trujillo, agosto 6 de 1866.

Señor ministro de Hacienda del Supremo Gobierno.

Cumpliendo el acuerdo supremo que el Ministerio de U. S. se sirvió dirigirme con fecha dos de abril, **pasé al cabo Gracias a Dios a contar las maderas que Mr. W. Vaughan ha cortado en virtud de contrata celebrada con el Supremo Gobierno en el año próximo pasado. Llegué al río Wanks o Segovia con objeto de subirlo hasta donde está el mismo corte establecido en la ribera perteneciente a Honduras**; pero me informé que estaba a siete u ocho días de navegación por el río, y que tendría que ejecutar por lo menos cuatro en la cuenta, que con cinco de regreso hacían diez y siete días más de demora; y como los víveres se me escaseaban y el tiempo era muy lluvioso, resolví regresarme para volver a practicar la operación en abril o mayo, única estación oportuna.

Entonces bajé el río hasta la barra, o sea a Cayo Martínez, en donde está el principal establecimiento de dicho contratista, para proponerle el negocio de adelanto de dinero que en dicha orden se me encomendó.

Con varias personas empleadas en los cortes y con el propio señor Vaughan, que es de bastante probidad, me he informado que hasta la fecha no hay más que doscientos cincuenta árboles cortados, y que se ajustaban algo más de trescientos en todo este año.

Aquí vine a conocer que la contrata existente entre Mr. Vaughan y el Gobierno de Honduras era inconveniente por haber sido celebrada sin los datos necesarios.

Puede por ella el contratista cortar dichos árboles cada año y quedarse con el privilegio; o cortar en los cinco años el número suficiente para pagarse los dos mil pesos que tiene adelantados y nada más; mientras el Gobierno tiene que hacer grandes gastos para la cuenta, pues por el derecho que establece la ley nadie iría haciendo todos los gastos, porque yo he gastado más de cien pesos; y si hubiese continuado mi viaje, habrían ascendido a doscientos mis gastos, y solo habría ganado unos ochenta o ciento.

Se comprende muy bien que el único interés que ha tenido el contratista en la parte hondureña, es que otro individuo empresario no se le ponga en el río y le proporcione embarazos y disputas.

Por estas razones, y porque el Gobierno de Nicaragua ha concedido a Mr. Vaughan todo el río, y en la parte que allá corresponde es abundantísimo de maderas, mientras que en la correspondiente a Honduras es en la mayor parte de ocotales, y la posesión del Cayo Martínez con la facultad de introducir efectos de toda clase sin derecho alguno, creí conveniente en nuevo arreglo con el señor Vaughan, puesto que tampoco él se prestaba a un nuevo adelanto de dinero bajo la contrata existente, y convenimos en que hiciese otra propuesta que es la que original elevo al conocimiento del Supremo Gobierno.

Por ella aparece un producto neto a favor del Gobierno de un mil doscientos pesos anuales, mientras que bajo la contrata anterior, ni con mucho llegaría a esa cantidad y tendría que continuar con los embarazos de la cuenta. Además, adelanta tres mil pesos, que, en la actual crisis monetaria que sufre el mundo entero, no es suma para despreciar y da por cancelados como quinientos pesos que al fin de este año saldría aún alcanzando al Gobierno por la anterior contrata y adelanto.

A primera vista parece que es una grande concesión la que hace el Gobierno de Honduras a Mr. Vaughan en permitir la introducción libre de efectos necesarios para alimento y pago de operarios; pero si se atiende a que la tal introducción es a territorio de Nicaragua, porque en él tiene sus almacenes, hace el ajuste y pago de sus operarios, y a aquel Gobierno le ha hecho la misma y aún mayores concesiones, pues tiene más de ocho cortes en la parte nicaragüense por dos mil pesos, mientras que en la hondureña solo ha puesto una y puede poner otro únicamente; se verá, digo, que la tal concesión es imaginaria, y los es de tal suerte, que cinco años hace que tiene los mismos derechos sin que nadie se lo haya impedido.

Creo de mi deber agregar que el señor Vaughan me ha manifestado que si se le hace la menor alteración a su propuesta, estará por la anterior sin admitir otra, y que en caso que esta sea aceptada, puede el Gobierno desde luego disponer del dinero para los plazos estipulados.

Al dar así cuenta con el resultado de mi comisión, me cabe la honra de suscribirme del señor ministro muy atento S. S.

(F.) CASTO ALVARADO.

Es conforme con su original que se halla en el Archivo de mi cargo, de donde ha sido sacada fielmente esta copia, en Tegucigalpa, a primero de noviembre de mil ochocientos noventa y ocho.

Archivo Nacional de Honduras. – Tegucigalpa.

G. Guardiola,
Director del Archivo Nacional.

El infrascrito, secretario de Estado en el Despacho de Gobernación del Gobierno de Honduras, certifica:

Que es auténtica la firma que antecede del director del Archivo Nacional, que dice: "G. Guardiola".

Tegucigalpa: 3 de febrero de 1900.

República de Honduras. – Ministerio de Gobernación.

César Bonilla.

El infrascrito, subsecretario de Estado en el Departamento de Relaciones Exteriores.
Certifica la autenticidad de la precedente firma del señor ministro de Gobernación, que dice: "César Bonilla".

Tegucigalpa: 5 de febrero de 1900.

República de Honduras. – Ministerio de Relaciones Exteriores.

Ricardo Pineda.

———

Trujillo, agosto 6, 1866.

Señor ministro de Gobernación del Supremo Gobierno.

Señoría:

Por el acuerdo supremo de 3 de abril se anexa a esta Comandancia la Gobernación Política, Militar y de Hacienda de la

169

costa Mosquitia, y nada se dice de la judicial que es la principal y la que menos puede sujetarse a las leyes de la República. Espero se sirva U. S. recabar del Supremo Gobierno una resolución a este respecto, pues aquí tengo ya un reo de heridas graves exacto de haber salido de este puerto. Lo inoportuno de la estación con la falta de conocimientos locales y de un capellán que me acompañase me han embarazado sacar por ahora todo el fruto que esperaba y era de desearse; pero me prometo repetirla en abril y mayo y extenderla a los tawakas y a los payas que ahora no pude visitar, porque andan errantes por el interior de los bosques y en las orillas muy arriba de los ríos.

La primera población que se encuentra en la costa oriental de este puerto reconocida por de la Mosquitia, es el pequeño Caribal de Chapagua a más de doce millas de Punta Castilla; siguen los de Aguán, Limón, Urraco, Punta de Piedra, Cosuna, Sangrelaya y Tocamacho, nueve por todos, conteniendo poco más de quinientas casas y de dos mil habitantes. La Criba es la línea divisoria de las poblaciones caribas y zambas. Estas están diseminadas por la costa y a las orillas de los ríos y lagunas, en grupos de cinco a diez casas que regularmente constituyen todas una sola familia, siendo Patuco el único lugar en que se encuentran veintiocho casas reunidas. Calculo aproximadamente trescientas casas y un mil y doscientas almas en estos habitantes.

Los caribes son más sociables, menos salvajes y más trabajadores; pero los zambos son más conservadores. Casi todos estos tienen una vaca o un caballo, y hay quien posea cien o doscientas cabezas, mientras que en los caribes no se encuentra la más pequeña propiedad después de sus casas; sin embargo, estos viven medio vestidos y aquellos enteramente desnudos, si se exceptúa un braguero o refajo de cáscara de hule que llevan ordinariamente. Unos y otros, a pesar de haberlos visitado el reverendo misionero don Manuel Subirana y bautizado la mayor parte, son idólatras y polígamos; no hacía mucho que habían pasado en los zambos las fiestas del Surin, hechas para aceptar las almas de los viejos, que les amenazaban con la viruela, encontrando todavía restos de los altares y pinturas que forman al efecto; y los caribes se

170

quejan por no tener desde que les quitó "El Santa Misión sus fiestas de Majia con que aplacar la cólera de sus muertos". Regularmente se casan con dos hermanas que tienen en una misma habitación, y hay quienes tengan dos y aún tres parejas de esta misma clase. La primera necesidad que se palpa al tocar con esas poblaciones o caseríos, es la de un ministro del Señor.

Son tan salvajes, tan bárbaras sus costumbres, especialmente las de los zambos, que no se tiene una idea de su degradación. La mujer es la bestia de carga, mientras los hombres yacen en la holgazanería. Los maridos de las zambas hacen del matrimonio el tráfico más desvergonzado, y las autoridades no solo toleran pero aún apoyan semejante depravación. No se conocen más que tres delitos, el asesinato, el robo y el adulterio; el primero lo han castigado con la horca, el segundo con el pago del duplo en favor de la persona robada y el tercero con multas en favor del cornudo; el que no puede pagar la multa es azotado. A eso está reducido el código de sus leyes, siendo sus juicios todos verbales y brevísimos, pues basta un látigo o la conciencia del juez para fallar sin apelación. ¡Y hace seis años que Honduras es reconocida como soberano de esos dominios, y hasta hoy se ha practicado lo mismo!

El primer paso que he dado en la parte caribe es buscar dos maestros que ya tengo, y mandaré muy pronto a Iriona y Tocamacho con órdenes para que los pueblos inmediatos pongan a sus niños a aprender a leer, escribir y la doctrina cristiana. Respecto a la parte Mosquita, he traído dos niños, y pienso traer otros dos más de trece a catorce años para que aprendan a leer y escribir el español y mandarlos después de maestros a sus pueblos, pues los moscos no hablan como los caribes ni algo de español, y no es posible encontrar un preceptor para ellos. Mientras tanto, he dado disposiciones para irlos reuniendo en poblaciones mayores y formarles una propiedad comunal para inspirarles amor a un pueblo.

Tengo, en todos los pueblos y caseríos, personas encargadas de gobernarlos, y les he hecho verbalmente las indicaciones que he creído convenientes para ir desarraigando de sus costumbres la inmoralidad y salvajismo. Si como pensaba hubiera ya ido con el capellán, habría dejado ya señalados algunos lugares para formarles

171

casas de adoración, y habría dado pasos para cortar la poligamia; pero al señor capellán Ramírez, que estaba listo para marchar, no le vinieron las licencias del vicario, como era convenido, ni el señor cura Fray Ignacio de Medina quiso prorrogarle las suyas; de suerte que me fue necesario hacer mi referida visita sin el capellán. Deseo que el Supremo Gobierno arregle este asunto con S. S. I., pues para la civilización de las tribus que me están encomendadas, el primer elemento es el religioso. Pero al hablar de esto, permítame manifestar, que la dotación de cincuenta pesos, antes de ahora señalada para el capellán de esta plaza y Costa Mosquitia, es demasiado mezquina, pues tiene que hacerse enteramente gratis la admón., que pasar meses enteros en una costa llena de plaga y privaciones y que hacer gastos personales que no puede sufragar dicha mensualidad. Al concluir por ahora este pequeño informe, me prometo darle mayor extensión en la segunda visita que haga a la costa; mientras, sírvase S. S. dar cuenta con él al Supremo Gobierno y admitirme por su servidor.

(F.) CASTO ALVARADO.

Es conforme con su original, que se halla en el Archivo de mi cargo, de donde ha sido sacada fielmente esta copia, en Tegucigalpa, a primero de noviembre de mil ochocientos noventa y ocho.

Archivo Nacional de Honduras. – Tegucigalpa.

G. Guardiola,
Director del Archivo Nacional.

El infrascrito, secretario de Estado en el Despacho de Gobernación del Gobierno de Honduras, certifica:
Que es auténtica la firma que antecede del director del Archivo Nacional, que dice "G. Guardiola".

Tegucigalpa: 3 de noviembre de 1900.

República de Honduras. – Ministerio de Gobernación.

César Bonilla.

El infrascrito, subsecretario del Estado en el Despacho de Relaciones Exteriores.

Certifica la autenticidad de la precedente firma del señor ministro de Gobernación, que dice: "César Bonilla".

Tegucigalpa, 5 de febrero de 1900.

República de Honduras. – Ministerio de Relaciones Exteriores.

Ricardo Pineda.

Trujillo, Diciembre 13 de 1866

Señoría:

Acompaño a U. S. el testimonio de la escritura de contrata celebrada por mí, en virtud de autorización suprema en la casa del Sr. William Vaughan Jr., haciéndolo hasta ahora, porque hasta ahora me ha venido el papel correspondiente.

Soy de U. S. muy atento servidor.

(F.) CASTO ALVARADO.

A. S. S. el señor ministro de Hacienda del Supremo Gobierno.

Es conforme con su original que se halla en el Archivo de mi cargo, de donde ha sido sacada fielmente esta copia, en Tegucigalpa a primero de noviembre de mil ochocientos noventa y ocho.

Archivo Nacional de Honduras. – Tegucigalpa.

G. Guardiola,
Director del Archivo Nacional.

El infrascrito, secretario de Estado en el Despacho de Gobernación del Gobierno de Honduras, certifica:

Que es auténtica la firma que antecede del director del Archivo Nacional, que dice: "G. Guardiola".

Tegucigalpa: 3 de febrero de 1900.

República de Honduras. – Ministerio de Gobernación.

César Bonilla.

El infrascrito, subsecretario de Estado en el Despacho de Relaciones Exteriores,

Certifica la autenticidad de la precedente firma del señor ministro de Gobernación, que dice: "César Bonilla".

Tegucigalpa, 5 de febrero de 1900.

República de Honduras. – Ministerio de Relaciones Exteriores.

Ricardo Pineda.

En Trujillo, a los veinte y cinco días del mes de septiembre de mil ochocientos sesenta y seis, ante mí, Tiburcio Hernández, juez de 1ª instancia y testigos que van nominados, se presentaron el señor general don Casto Alvarado, comandante principal del puerto, y los señores Julia y Castillo de este comercio; el primero a nombre del Supremo Gobierno de la República y los segundos en representación del señor don W. Vaughan Jr., súbdito de S. M. B., y dijeron que en dos de agosto del año corriente convinieron en Cayo Martínez, el primero a nombre del Gobierno de Honduras y el segundo (W. Vaughan) por sí, lo que a la letra dice en dicho convenio, que original se devolvió con la rúbrica de mi puño al prenotado general, conteniendo al fin la ratificación del Gobierno; todo lo que reducen a escritura pública. – Nuevas bases propuestas por W. Vaughan Jr. al Supremo Gobierno de Honduras, con el objeto de seguir cortando caoba u otras maderas en la margen occidental del río Wanks o Segovia y sus tributarios.

– **Artículo 1°.** – El Supremo Gobierno de Honduras concede por el término de diez años a W. Vaughan Jr., sus herederos o sucesores el derecho exclusivo de cortar caoba u otras maderas en la margen occidental del río Wanks o Segovia que pertenece a la República, y exportar las mismas, libres de todo derecho, como es el de anclaje o tonelaje, etc., etc.

– **Art. 2°.** – Además le concede la libre importación a sus establecimientos de cortes en dicho río, de todos los artículos que le sean necesarios para alimento y pago de sus operarios.

Art. 3°. – En consideración a los dichos privilegios concedidos en los artículos anteriores, W. Vaughan Jr., sus herederos o sucesores se comprometen a pagar al Gobierno de Honduras la suma de un mil doscientos pesos anuales por el término de diez años en la forma siguiente; un mil a la ratificación de esta contrata; mil dos meses después y otros mil otros dos meses después, por todos tres mil pesos adelantados; y para evitar las molestias de las fianzas fiscales, concluidos los tres primeros años, seguirá pagando cada mensualidad adelantada.

Art. 4°. – Esta contrata comenzará a correr, desde el primero de enero del año entrante de mil ochocientos sesenta y siete; y W. Vaughan Jr. da por amortizada la cantidad que el Gobierno de Honduras le quede debiendo hasta esa fecha, de los dos mil pesos que adelantó por la contrata celebrada en el año próximo pasado, la cual queda reformada por la presente.

Art. 5°. – Si alguno o algunos individuos hiciesen propuesta por las maderas de los ríos que hay entre Wanks y el Aguán o Romano, el Gobierno de Honduras no concluirá ningún contrato sin darle aviso a W. Vaughan o sus representantes, y concederle dos meses para si quisiere mejorar la propuesta. La anterior articulación propone W. Vaughan Jr. al Supremo Gobierno de Honduras, como reformatoria de la que antes tiene con él celebrada sobre cortes de maderas, para evitar las ha presenciado. Si no fuesen aceptadas, debe entenderse vigente dicha contrata antes celebrada y como no propuestas estas nuevas bases y las que le remití con el señor Pedro Fernández. – Cayo Martínez, agosto dos de mil ochocientos sesenta y seis. – Wanks River. – W. Vaughan. – Confirmación. – Oído el parecer fiscal que obra en copia autorizada de las presentes bases, el Gobierno acordó aprobarlas en todas sus partes; y se autoriza al señor general don Casto Alvarado, comandante de Trujillo, para que en nombre del propio Gobierno celebre la contrata y la eleve a escritura pública. – Gracias, agosto veinte y cuatro de mil ochocientos sesenta y seis. – El jefe de sección, U. Padilla". – Presentes los señores general don Casto Alvarado y Juliá y Castillo, el primero a nombre del Gobierno y los segundos en representación del señor W. Vaughan, aceptaron como escritura pública en un todo competente, todo lo que antecede firmado para su validación; siendo testigos don Timoteo Cardona, don Dolores Toro y don León Forjas que certifico conocer. – Tiburcio Hernández. – Casto Alvarado. – Julia y Castillo. – Ramón Rodríguez. – Timoteo Cardona. – D. Toro. – León Forgas. – Pilar Sandoval. – Testigo de asistencia – (Hay ocho rúbricas).

Yo el infrascrito juez de la 1ª Instancia fui presente a su otorgamiento con los testigos mencionados; y en fe de ellos doy esta copia original, que firmo en dos fojas del papel sello primero; quedando su matriz desde la foja trece vuelto hasta la diez y seis vuelta del registro de este Juzgado, que está escrito en papel del sello 4°, remitiéndome a aquel y dejando anotada esta saca, que verifico por ante los testigos de mi asistencia en falta de escribano, en Trujillo a doce de diciembre de mil ochocientos sesenta y seis.

T. HERNÁNDEZ

PILAR SANDOVAL   JESÚS RIVERA

Conforme. – (F.) Zúñiga.

PROPOSICIÓN que el suscrito hace al Gobierno de Honduras para extraer hule desde el río Patuca hasta la laguna de Caratasca.

Art. 1°. – El Gobierno de Honduras concede a William Vaughan Jr., sus herederos y sucesores, el derecho exclusivo por término de diez años, para extraer hule desde el río Patuca a la laguna Caratasca, sus respectivos tributarios, arroyos, etc., y para exportarlo libre de todo derecho.

Art. 2°. – Además, le concede el Gobierno libre importación a sus establecimientos de extracción de hule, de todos los artículos y mercaderías que necesite para mantención y pagamento de sus operarios.

Art. 3°. – En consideración a los dichos privilegios concedidos a William Vaughan Jr., sus herederos y sucesores, se obliga él a pagar al Gobierno de Honduras la cantidad de seiscientos pesos anuales, pagando, así que se ratifique este contrato, mil pesos al contado y el saldo así que vayan venciendo las anualidades respectivas y se descuente el primer pago de mil pesos, de las primeras anualidades devengadas.

Art. 4°. – En atención a inconvenientes que suelen ocurrir al entablarse tales trabajos, se le concede a William Vaughan Jr. que el presente contrato date del día primero de enero de 1868.

Art. 5°. – En consideración a la anticipación que sobre este contrato hace William Vaughan Jr. así como a las que ha hecho sobre el de privilegio de cortar caoba y cedro en el río Segovia, en septiembre del año pasado, se le concede que sus agentes y empleados en Honduras sean exentos de todo servicio civil o militar a fin de que puedan cumplir la cantidad de trabajo que exijan las circunstancias.

Art. 6°. – Si alguna persona o personas hicieren propuesta (al Gobierno, se entiende) para extraer hule desde el río, o sea en el espacio que media entre Patuca y Laguna Quemada, el Gobierno no concluirá contrato, sobre el particular, sin anunciarlo previamente a

William Vaughan Jr., o sus representantes, concediéndole dos meses de término para considerar la propuesta.

Trujillo 17, enero de 1867.

William Vaughan Jr.

El Gobierno acepta el contrato para extracción de hule en los términos suso expresados por William Vaughan Jr. en toda la extensión de su sentido, por término de diez años, pagando seiscientos pesos anuales, de los cuales ofrece él anticipar mil pesos en efectivo. En consecuencia, el tesorero, con orden del ministro de Hacienda, instará al administrador de la aduana de Trujillo para que recoja los dichos mil pesos; así como también los seiscientos pesos anuales y también mil doscientos pesos ofrecidos por William Vaughan Jr. por contrato anterior hecho entre él y un agente del Gobierno de Honduras **sobre el derecho de cortar caoba y cedro en la margen hondureña del río Segovia** para que con tales instrucciones deduzca los mil pesos que él anticipa al Gobierno sobre dicho contrato. Y a fin que el presente contrato obtenga toda la debida formalidad, el dicho tesorero hará extenderlo por duplicado para darle un ejemplar a William Vaughan Jr. y otro al administrador de Trujillo, previniéndole a este que el producto de los dos privilegios concedidos al dicho William Vaughan Jr. se tenga en Tesorería como fondo especial del Gobierno, sin cuya orden expresa no podrá disponer de él de ningún modo so pena de reintegro. – Así acordó el Gobierno. – Ministerio de Hacienda. República de Honduras~-Comayagua, mayo 21 de 1867.

BOGRÁN

Tómese razón. – Contaduría Mayor del Estado de Honduras. Comayagua, mayo 21 de 1867.

Solo por falta del compañero. Bardales.

Es conforme. – Comayagua, mayo 21 de 1867.

Miguel Balladares".

PARTIDAS

de enteros hechos por William Vaughan Jr.

———

701 – junio 22– Maderas

Me cargo dos mil pesos que los señores Julia y Castillo han enterado a nombre del señor don Guillermo Vaughan en dos letras sobre Londres de mil pesos cada una, cuya cantidad se comprometió a adelantar este caballero por la contrata de maderas que inició con el Supremo Gobierno y fue concluida aquí el 30 de marzo. Compruébese con la firma de los enterantes. – Julia y Castillo.

(Tomado del Libro Mayor de las cuentas que el administrador de la Aduana de Trujillo, don Paulino Nieto, llevó en el año económico de 1864 y 1865).

———

563 – enero 13 – Maderas

Son cargo nueve mil pesos enterados por Mr. W. Vaughan Jr., como último resto de los doce mil en que le fueron arrendadas por diez años las maderas de la margen occidental perteneciente a Honduras del río Wanks o Segovia, cuyos diez años comenzaron en 1º de enero de 1867 y concluirán el último de diciembre de 1876. Se comprueba con la firma del enterante y se da certificación para que le sirva de finiquito de solvencia respecto a la deuda que había contraído con dicha contrata. – Cruz W. Vaughan.

(Tomado del Libro Mayor de las Cuentas que el administrador de la Aduana de Trujillo, don Albino Cruz, llevó el año económico de 1868 a 1869)

———

62 – septiembre 21

Me cargo mil pesos que en esta fecha entera Mr. William Vaughan en esta aduana, en cumplimiento del Art. 3° de la contrata que el 21 de mayo del corriente año celebró con el Supremo Gobierno, sobre la extracción de hule en los puntos que se designan en la expresada contrata. – Se comprueba esta partida con la firma de dicho Sr., y dase certificación. – Cabañas. – W. Vaughan Jr.

(Tomado del Libro Mayor de las Cuentas que el administrador de la Aduana de Trujillo, don Trinidad Cabañas, llevó el año económico de 1867 a 1868)

––––––

308 – marzo 31

Son cargo dos mil pesos enterados por el cónsul británico don Guillermo Melhado a nombre de Mr. William Vaughan quien los paga como último resto que adeudaba hasta último de diciembre de 1872, por una contrata de goma elástica que tiene celebrada con el Supremo Gobierno. Se comprueba esta partida con la firma del enterante y el documento que se acompaña y dase certifico. – Boquín. – W. Melhado. – H. B. Minis.

(Tomado del Libro Mayor de las Cuentas que el administrador de la Aduana de Trujillo, don Narciso Boquín, llevó el año económico de 1872 a 1873)

––––––

209 – abril 30

Son cargo seiscientos pesos enterados por los señores Julia y Castillo a nombre de Mr. William Vaughan por la anualidad vencida en diciembre del año de 1873 de su contrata que tiene celebrada con el Supremo Gobierno para beneficiar y exportar la goma de hule que se encuentra en la Costa Oriental de este puerto. Se comprueba esta partida con la firma de los enterantes a quienes se da certificación. – Galindo. – Julia y Castillo. – Francisco Bernárdez.

(Tomado del Libro Mayor de las Cuentas que el administrador de la Aduana de Trujillo, don Jacobo Galindo, llevó en el año económico de 1874 a 1875).

DECRETO

que establece el departamento de la Mosquitia

———

Ministerio de la Guerra
República de Honduras

———

DEPARTAMENTO DE LA MOSQUITIIA

Comayagua, noviembre 23 de 1868

Señor gobernador del departamento de...

Con esta fecha S. E. el capitán general y presidente de la República ha emitido el decreto que sigue:

"José María Medina, capitán general y presidente de la República de Honduras.

Considerando: que las tribus selváticas de la Costa Norte, conocida con el nombre de "Mosquitia", demandan la protección del Gobierno para hacerlas cesar en su vida nómade, infundirles las ideas de civilización que reinan en los demás pueblos de la República, inculcarles las luces del cristianismo y proporcionarles medios fijos de subsistencia; y

Atendiendo a que todos estos grandes objetos solo podrán lograrse estableciendo un régimen especial en esa importante sección de la República; con presencia de lo dispuesto en el artículo 108 de la Constitución, y en uso de sus facultades

DECRETA:

Art. 1°. – La sección de la Costa Norte conocida con el nombre de "Mosquitia", forma un departamento de la República, sin representación en el Congreso. – Sus límites por el Oriente son: el cabo Gracias a Dios; por el Poniente, el río Aguán; por el Norte, el mar Atlántico y sus islas adyacentes; y por el Sur, la cima de las montañas que lo separan de la parte poblada del departamento de Olancho.

Art. 2°. – El departamento de la "Mosquitia" será regido por un gobernador con funciones políticas, judiciales y de hacienda; teniendo las mismas atribuciones y facultades que las leyes señalan a los gobernadores departamentales, jueces de 1ª Instancia e intendentes. – Su residencia será en el punto más céntrico e inmediato a la costa, para fundar una ciudad marítima, que sirva de capital al departamento, sometiéndolo previamente a la aprobación del Gobierno.

Art. 3°. – El gobernador será nombrado por el Poder Ejecutivo, y sus funciones las ejercerá mientras dure su buen desempeño. El gobernador a su vez, nombrará los empleados subalternos, dándoles el título más acomodado a las costumbres de aquellos habitantes, pudiéndolos remover cuando no llenen sus deberes.

Art. 4°. – Para ser gobernador del departamento de la "Mosquitia", se requiere: ser ciudadano en ejercicio de sus derechos; tener acreditado patriotismo y fidelidad al Gobierno de la República; moralidad y buena conducta; y conocidas aptitudes para el desempeño de los ramos que se le encomienden.

Art. 5°. – Las principales funciones del gobernador serán: 1ª. Reducir a poblado las tribus nómades que vagan en la costa, señalándoles los puntos más saludables y a propósito para las poblaciones; 2ª. Edificarles templos donde tributen culto a la Divinidad y cabildos donde administren justicia y traten los demás asuntos administrativos; 3ª. Establecer escuelas de enseñanza primaria, comenzando por el idioma castellano; 4ª. Difundirles las luces del cristianismo sin perdonar medio alguno para llenar tan importante encargo; 5ª. Inculcarles ideas de civilización y hacer que

183

desaparezcan en ellos sus costumbres selváticas; y 6ª. Inclinarles a la fundación de bienes raíces y a los trabajos agrícolas más conciliables con sus circunstancias.

Art. 6°. – También tendrá el gobernador la facultad de inspeccionar los cortes de maderas y colectación de hule en el departamento, a fin de que las contratas hechas sobre el particular sean cumplidas; y vigilará porque de aquellos establecimientos no se introduzcan efectos para su expendio, sin el pago de los derechos correspondientes.

Art. 7°. – Para expeditar las funciones del gobernador en todo lo que concierne a la parte moral y religiosa, se excitará al ilustrísimo y reverendísimo señor obispo de esta diócesis, a fin de que se sirva nombrar un sacerdote de virtudes acrisoladas que le acompañe; ofreciéndole que el Gobierno le proveerá de preferencia a su manutención y demás gastos, con una renta proporcionada a sus fatigas.

Art. 8°. – Se establecen como rentas del departamento de la Mosquitia: 1ª. Los derechos marítimos, conforme a tarifa, de los efectos que se introduzcan directamente para el consumo local; 2ª. La venta de licores, pólvora y tabaco por medio de patentes, o conforme a las leyes si pareciese más conveniente; y 3ª. La alcabala de ventas.

Art. 9°. – El gobernador podrá, además, crear otros fondos ya sea estableciendo contribuciones moderadas de productos del país a los habitantes del departamento, o ya obligándose a un trabajo comunal, según se lo aconseje su prudencia.

Art. 10°. – A fin de evitar los contrabandos en las introducciones directas al departamento, el gobernador señalará los puertos de desembarco que crea convenientes, dando cuenta al Gobierno para su aprobación. Toda introducción que se haga por otro punto, será tenida como fraudulenta y caerá en comiso.

Art. 11°. – Es prohibido en lo absoluto la introducción de efectos del departamento de la Mosquitia a cualquiera de los otros de la República, si no es por los puertos de Trujillo y Omoa, donde volverán a pagar los derechos de tarifa.

Art. 12°. – Así mismo es prohibida la exportación de frutos del país por los puertos del departamento, y solo podrá efectuarse por los de Omoa y Trujillo, habilitados para el comercio exterior. Los contraventores a las prescripciones de los dos artículo que anteceden, quedan sujetos a las penas que las leyes señalan a los contrabandistas.

Art. 13°. – Para la administración de los fondos del departamento, el gobernador llevará los libros correspondientes, suministrados por la Tesorería General conforme a la ley; y al fin de cada año económico, cortará su cuenta y la rendirá al tribunal del ramo.

Art. 14°. – No siendo posible llenar, por ahora, todos los requisitos de ley en cuanto a la comprobación de las partidas, el Tribunal juzgará la cuenta según la buena fe que se desprenda de ella.

Art. 15°. – El gobernador disfrutará un sueldo de mil pesos anuales y veinticuatro pesos más para escritorio, que se cobrará de los fondos que administre; pero si en el primer año no alcanzasen, la Tesorería General le liquidará como a los demás empleados públicos con el conocimiento de suministros que le pase la Contaduría mayor en vista de la cuenta.

Art. 16°. – Pagado el sueldo del gobernador, el sobrante de las rentas lo invertirá exclusivamente en los edificios y obras públicas del departamento.

Art. 17°. – El gobernador no consentirá en el departamento gente vaga y malhechora, y todo el que se avecine debe presentarle su carta inhibitoria del punto de su procedencia, conforme a las leyes.

Art. 18°. – El gobernador informará mensualmente al Ministerio, del estado del departamento, y propondrá todas las medidas que juzgue convenientes a la ejecución de este decreto.

Art. 19°. – Para seguridad y exacto cumplimiento de sus disposiciones, el gobernador tendrá una escolta de un sargento, un cabo y ocho soldados que le proporcionará la Comandancia de Trujillo, de la guarnición de aquella plaza.

Art. 20°. – Quedan derogadas todas las leyes y disposiciones que se opongan al presente decreto, el cual se pondrá en conocimiento del Congreso, en su próxima reunión ordinaria, para que, si lo tiene a bien, se sirva darle su soberana aprobación.

Dado en la capital de la República, a 23 de noviembre de 1868.

JOSÉ MARÍA MEDINA.

El ministro de la Guerra,

FRANCISCO ALVARADO.

(Gaceta Oficial de 30 de noviembre de 1868. – Tomo VI. – No. 93)

DEPARTAMENTO DE MOSQUITIA

Acta de instalación del Gobierno de la Mosquitia

"En la laguna de Caratasca, punto del cayo mayor designado por los moscos con el nombre de "Bonner Place", esto es, "Lugar de Bonnet", a 14 de marzo de 1869, habiendo una reunión de 54 moscos, entre mandarines y simples particulares, que acudieron a efectuar el desembarque que con mi familia y escolta de diez hombres hice ayer, anuncié que, mientras el Supremo Gobierno decida sobre el particular, instalaba yo, y había por instalado en este dicho punto, la Gobernación de este departamento de La Mosquitia, y conferídoseme por nombramiento del siguiente día 24, y de la cual, fui puesto en posesión por el señor comandante de la plaza de Trujillo, coronel don Andrés García, el 23 de diciembre del mismo año recién pasado de 1868, por orden del Gobierno de esta República de Honduras.

Acto continuo, y con la misma reserva y aprobación del Gobierno, nombré suplente mío al señor D. Felipe B. Rivera, le tomé el juramento correspondiente y lo di a reconocer. Después de lo cual lo encargué de la Secretaría accidental de la Gobernación.

En seguida anuncié a los mandarines presentes, que estaba yo dispuesto a conservarles sus nombramientos, si ellos lo estaban también a continuar desempeñándolos, prestando antes de buen grado el juramento de ley, que procuré explicarles; y habiendo ellos convenido, procedí a juramentar los siguientes.

Quartermaster, William Waight, idem Robert Yullit, y coronel Evans, mandarines de Tanciso.

Capitán Pirmatts, mandarín de Casiguery.

Quartermaster Williamson, capitán Johse Woods, mandarines de Tides.

Quartermaster Robert, capitán James Kard, mandarines de Laca.

Capitán Nicolás, mandarín Broalasgún.

Capitán John Cacks, Quartermaster Bruks, mandarines de Plantinriver.

Comandante local Juan Francisco Bull de todo el departamento.

A continuación les manifesté que el Gobierno de la República, y especialmente S. E. el señor presidente don José María Medina, lamentan el que por tanto tiempo hayan estado ellos desviados de la sociedad hondureña y privados en consecuencia de los grandes beneficios de la civilización, en cuyos goces están los habitantes de los demás departamentos, y que dan gracias a la Divina Providencia que los ha hecho entrar al seno de la familia, al mismo tiempo que procuran con interés remediar el mal, haciendo lo posible para comunicarles la civilización y facilitarles la recogida de los óptimos frutos de esta; con cuyo objeto se me ha nombrado gobernador del Departamento, y se ha recomendado la obra: que en consecuencia y sintiéndome yo animado de los mismos sentimientos, he venido a ponerlos en práctica, esperando que ellos se prestarán gustosos a la realización del propósito; y que al efecto solo exijo de ellos por ahora, docilidad y obediencia a las disposiciones que iré emitiendo para guiarlos por la senda en que van a entrar.

Prometieron hacer como se les acaba de indicar.

Por último, les anuncié que hay ahora en la República la muy importante cuestión siguiente: según la Constitución el período presidencial es de sólo cuatro años sin lugar a reelección sucesiva; y la misma Constitución no puede ser reformada sino hasta pasados ocho años, que se cumplirán en septiembre de 1873. El actual presidente, S. E. el capitán general don José María Medina, tomó posesión el día ocho de febrero de 1866 y su período terminará por consiguiente el 7 de febrero del próximo entrante año 1870. Durante este período, y en el tiempo anterior a la Constitución que sirvió la Presidencia, ha pacificado la República, ha cimentado su paz exterior, y ensanchado sus relaciones; ha promovido la ilustración pública, la industria y el comercio; ha protegido y fomentado la religión del país; ha emprendido la inmigración extranjera para poblar con provecho nuestros inmensos desiertos; ha emprendido también explotación de minas y hechura de caminos indispensables para tránsito cómodo y buen suceso de todo lo útil existente y por venir, en suma ha hecho y hace por la patria más bien que todos sus antecesores, sin causarles males que, ya voluntaria o involuntariamente, le han hecho otros.

Por consiguiente se ha captado la voluntad, la estimación y la confianza de la gran mayoría de sus conciudadanos, así como también la de los gobiernos y de los pueblos con que cultiva relaciones. Por estas razones aspiran sus bien querientes a prolongar su mando, mientras que no faltan quienes no coincidan con el pensamiento; entre los pocos de estos que dicen algo, se arguye que no se puede prolongar el mando sin infringir la Constitución y hacerse por consiguiente un gran mal tal vez que habrá que lamentarse; y los que opinan por la prolongación del tiempo de mando dicen, entre otras cosas de gran peso en la balanza: que la prolongación del mando del general Medina de que se trata en caso excepcional, es para asegurar con la experiencia que él ha adquirido, con el tacto de este esclarecido patriota, con la virtud que ha puesto en práctica, con la confianza que dentro y fuera de la República ha inspirado, el buen suceso de las empresas que tiene entre manos, pues si bien puede ser que haya otros candidatos que tengan aptitudes y voluntad para desempeñar bien el inmediato período siguiente de la Presidencia, no es de esperarse que tengan la experiencia que a él le asiste, ni tampoco el crédito o la confianza (exterior especialmente) de que el general Medina goza para continuar sin interrupción las tareas emprendidas de que se ha hecho mención; y que por consiguiente, no sería discreto el detenerse los hondureños ante un obstáculo que ellos mismos, (con otras saludables miras) han puesto inopinadamente a su bienandanza, máxime cuando pueden y deben remediarlo por el inocente medio de una aclamación, el cual no pasaría de ser una corrección de un palpable defecto de la Constitución. Y concluí manifestándoles, que siendo ellos hondureños también, les proponía yo, expresasen con franca ingenuidad su parecer en el particular, sin temor de que se tome á mal su pensamiento; y después de haber ellos platicado entre sí, dijeron unánimemente que les parece muy discreto el pensamiento de aclamación al general Medina para el inmediato siguiente período de Presidencia de la República, y en consecuencia votaban ellos de conformidad; y levantando cada uno su diestra, exclamaron: "Hurrah for General Medina", esto es, "¡Viva el general Medina!" Y levanté la sesión, habiendo presenciado lo relatado en esta acta, que el sargento Apolonio Román firma conmigo para constancia. – Loreto Mazier. – Apolonio Román.

Es conforme con el original a que me remito, el cual existe en las primeras dos fojas del libro de actas de esta Gobernación, de donde se ha copiado fielmente. Y en fe de ellos la firma de orden del señor gobernador.

(F.) FELIPE B. RIVERA.

"Gaceta Oficial de Honduras, de 15 de junio de 1869. – Tomo VII. – No. 12, págs. 91-92".

DECRETO

Reglamentando el Gobierno para el territorio de la Mosquitia

———

El presidente de la República de Honduras, en uso de las facultades que le confiere el decreto legislativo de 8 de marzo de 1889, acuerda el siguiente:

REGLAMENTO DE GOBIERNO

PARA EL TERRITORIO DE LA MOSQUITIA

Art. 1°. – El territorio de La Mosquitia se dividirá en tres distritos, extendiéndose el primero, de la margen derecha del río Aguán, a la barra del río Tinto; el segundo de este lugar a la boca del Patook o Guayape; y el tercero de la ribera derecha del Patook o Guayape, a la boca del río Segovia o Wanks; siendo cabeceras, respectivamente de dichos distritos, Sangrelaya, Bruss-Laguna e Ilaya.

Art. 2°. – La Mosquitia, según lo previene el expresado decreto, será regida por un Superintendente que ejercerá funciones administrativas, judiciales, económicas y militares, y residirá, por ahora, en Iriona.

Art. 3°. – Este empleado organizará las rentas nacionales, conforme a las leyes vigentes; quedando, desde luego, autorizado para celebrar las respectivas contratas que provean al surtimiento de especies fiscales, debiendo someter aquellas a la aprobación del Gobierno.

Art. 4°. – El superintendente tendrá, para el desempeño de sus funciones, un secretario y un escribiente, de su libre nombramiento, los que devengarán el sueldo que se expresa en el presupuesto respectivo.

Art. 5°. – El secretario refrendará los acuerdos, autos y sentencias que dicte el superintendente en el ejercicio de sus atribuciones.

Art. 6°. – Las secciones o distritos expresados en el artículo 1°, se gobernará por jefes de Distrito, de nombramiento del Ejecutivo, con las atribuciones y sueldo que señala el acuerdo supremo de 10 de agosto de 1888. También se erigirán municipalidades en los pueblos que reúnan las condiciones de ley.

Art. 7°. – Los jefes de distrito, a más de las atribuciones que les corresponden por la ley de su creación, tendrán las de Guarda, salvo el caso que el Gobierno acuerde separar estos empleos.

Art. 8°. – El puerto de Iriona se considera habilitado para el comercio de importación y exportación en el territorio de La Mosquitia.

Art. 9°. – El superintendente de La Mosquitia desempeñará las funciones de administrador de Correos; y el director del ramo establecerá el servicio en la forma que el Gobierno tenga a bien disponer.

Art. 10°. – Los hondureños que se establezcan, de una manera permanente, en la Mosquitia, estarán exentos por dos años, del servicio ordinario de guarnición, y por cinco, los colones extranjeros que se naturalicen y radiquen en la Mosquitia.

Art. 11°. – La Mosquitia tendrá representación en el Congreso Nacional, en la forma dispuesta por el artículo 43 de la Constitución; en consecuencia, elegirá en el tiempo fijado por la ley un diputado propietario y un suplente.

Art. 12°. – El presupuesto ordinario de los gastos, que por cuenta del Estado se harán en el territorio de La Mosquitia, es el siguiente: El superintendente devengará al mes $200. El secretario $60. El escribiente $40. Un capitán de la guarnición $40. Un teniente, ayudante de la Comandancia $30. Un subteniente $30. Un sargento $15. Cuatro cabos $42. Veinticinco soldados $281.25. Gasto común $7.50. Tres jefes de distrito $150. Tres correos al mes $36. Para escritorio $10. Suma $941.75.

Art. 13°. – El presente reglamento comenzará a regir el 1° de enero del año próximo de 1893.

Dado en Comayagua a los veintitrés días del mes de noviembre de mil ochocientos noventa y dos.

P. LEIVA.

El secretario de Estado en el Despacho de Gobernación,

JESÚS BENDAÑA

Y por disposición del señor presidente, publíquese y cúmplase.

BENDAÑA

La Gaceta de 2 de diciembre de 1892. – No. 919.

———

ARTÍCULOS del Código de Aduanas, emitidos el 30 de abril de 1883.

———

Art. 1°. – Los puertos que la República tiene abiertos al comercio nacional y extranjero se dividen en mayores y menores.

Art. 2°. – Son puertos mayores:

Roatán, Trujillo y Cortés, en el Atlántico, y Amapala, en el Pacífico.

Art. 2°. – Son puertos menores:

Utila, dependiente de la Aduana de Roatán. **Cabo de Gracias**, río Plátano, Iriona, Aguán, Belfate, Ceiba y Tela, dependientes de la Aduana de Trujillo. Omoa y Barra de Ulúa, dependientes de la Aduana de Cortés. El Pedregal, La Brea y la Cutú, dependientes de la Aduana de Amapala.

CAPÍTULO VI

DOCUMENTOS RELATIVOS A LA
GESTIÓN ADMINISTRATIVA DEL
GOBIERNO DE HONDURAS
EN EL TERRITORIO DE LA
MOSQUITIA HONDUREÑA

DECRETO

del Gobierno de Nicaragua sobre un empréstito de $2,000,000, garantizándolo con los terrenos nacionales.

———

NÚMERO 17

———

República de Nicaragua. – Ministerio de Hacienda y Crédito Público. – Granada, julio 22 de 1856.

Sr. Subprefecto del Departamento de San Fernando.

El Supremo Poder Ejecutivo se ha servido dictar el decreto que sigue:

El presidente de la República de Nicaragua

Considerando: 1°. Que para la organización de la República en términos que puedan ser desarrollados todos sus elementos de riqueza y progreso es necesario que la hacienda pública tenga los fondos indispensables que den el lleno a sus erogaciones;

195

2°. Que puede comprometer su crédito público con plena seguridad de que sus grandes elementos de riqueza bajo una administración regular y equitativa son muy suficientes a saldar los compromisos que contraiga en uso de sus facultades, ha tenido a bien decretar y

DECRETA:

Art. 1°. – Se contratará un empréstito de dos millones de pesos, garantizados con el crédito público del Gobierno de esta República y sus terrenos del departamento de Matagalpa bajo los términos y condiciones que en adelante se expresan:

Art. 2°. – Dicho empréstito de dos millones de pesos serán representados por bonos de este Gobierno, firmados por el presidente de la República, el ministro de Hacienda y Crédito Público y el tesorero general; serán fechados en Granada a 1° de octubre de 1856 y con plazo de veinte años, contados desde el 1° de enero de 1857. El primer año correrá sin interés y desde el día 1° de enero de 1858 se les abonará el interés a razón de un 7 por ciento anual. El interés y principal de los Estados Unidos de América.

Art. 3°. – Todo el crédito público del Estado de Nicaragua queda empeñado al pago de los bonos que importen el empréstito, y para mayor seguridad del prestamista o prestamistas este Gobierno extenderá una escritura condicional traspasándola a tres apoderados responsables que desde luego serán nombrados, todos los terrenos baldíos pertenecientes al Estado de Nicaragua que se halle situados entre latitud 13° de Norte y latitud 14° al Norte y longitud 84° al Oeste y longitud 85° al Oeste del meridiano de Greenwich. Comprendiendo un grado cuadrado, o dos millones trescientos cuatro mil acres de terreno. Dichos apoderados y sus sucesores tendrán los referidos terrenos en depósito y garantía a favor de los tenedores de bonos, y la escritura condicional comprenderá todos los términos y condiciones de dicha empresa.

Art. 4°. – Los bonos serán refrendados por los apoderados de este Gobierno o por lo menos por uno de ellos para mutua seguridad de tenedores de bonos y del Gobierno de Nicaragua.

Art. 5°. – El señor Appleton Oaksmith, queda desde luego nombrado po reste Gobierno su comisionado especial con el preciso objeto de efectuar la negociación del empréstito de dos millones de pesos y para dar en todo el debido cumplimiento al presente decreto. Dicho señor deberá refrendar los bonos a favor del Gobierno, quedando responsable de su exacta ejecución.

Art. 6°. – La escritura condicional se extenderá por triplicado y a cada ejemplar se le acompañará una copia de este decreto. Un ejemplar será depositado en los archivos de Hacienda de esta República, otro se depositará en el señor ministro de Nicaragua en Washington y otro en los apoderados de los tenedores de bonos.

Art. 7°. – El señor ministro de Hacienda y Crédito Público general don Manuel Carrascosa es encargado de que se publique, circule y se comunique a quienes corresponde el presente decreto.

Dado en Granada, a 22 de julio de 1856.

GUILLERMO WALKER

Y de orden suprema lo inserto a Ud. para su inteligencia, publicación y circulación en los pueblos de su mando esperando recibo.
De Ud. atento servidor,

Carrascosa.

Gaceta Oficial de Honduras, de 10 de septiembre de 1856, Tom. II No. 58

———

197

ACUERDO en que se comisiona al coronel don Miguel Gross para que verifique un reconocimiento en la Costa del Norte.

––––––––

El Gobierno, en uso de sus facultades,

ACUERDA

1°. – Se comisiona al señor don Manuel Gross para que reconociendo la Costa Norte de la República, y conforme a las instrucciones que por separado tiene recibidas, celebre contratos para corte y extracción de maderas y demás frutos naturales de aquellos lugares, en y por los puntos que juzgue conveniente.

2°. – Informará al Gobierno con las observaciones que pueda recoger y le presentará los contratos que celebre para su debida aprobación.

3°. – Comuníquese. – Managua, noviembre 2 de 1864.

MARTÍNEZ.

El ministro de Hacienda,

Antonio Silva.

Gaceta de Nicaragua, año 2° No. 81, de 5 de noviembre de 1864.

––––––––

ACUERDO ratificando el nombramiento de agente de policía, que el coronel Gross hizo en la persona del señor Cocuty, vecino del cabo de Gracias a Dios.

––––––––

ACUERDA:

1°. – Apruébase el acuerdo que el señor coronel don Manuel Gross emitió en virtud de facultades que le fueron conferidas como comisionado del Gobierno en la Costa Norte; cuyo tenor literal es el siguiente:

"Manuel Gross, gobernador militar del departamento de Matagalpa y comisionado especial del Supremo Gobierno de la República de Nicaragua para la Costa Norte de la República; cumpliendo con sus atribuciones, nombra al coronel Cocuty, vecino del cabo Gracias a Dios, agente de Policía inter el Supremo Gobierno de la República dispone lo conveniente, debiendo el señor Cocuty arreglarse para el desempeño de sus funciones, conforme a las leyes de la República, consultando en todo con el señor William Vaughan Jr.

Dado en el Cayo de Martínez, boca del río Wanks, a los 22 días del mes de enero de 1865.

M. Gross"

2°. – Comuníquese. – Managua, marzo 16 de 1865.

MARTÍNEZ.

El ministro del Interior,

SILVA

DECRETOS Y ACUERDOS

del Gobierno de Nicaragua referentes a la Mosquitia

DECRETO LEGISLATIVO de 6 de febrero de 1863, para que el Gobierno con los productos de las maderas que existen en la costa del Norte haga abrir un camino desde los llanos de Jalapa hasta la última catarata de Balama; y de allí al cabo de Gracias a Dios.

Art. 1°. – Se autoriza al Gobierno para que del producto de las maderas que existen en la Costa del Norte, haga abrir un camino desde los llanos de Jalapa hasta la última catarata de Balama; y de allí al cabo de Gracias a Dios.

Art. 2°. – Los condenados a presidio o a trabajos forzados, podrán ser destinado a las obras del camino y puerto, que podrá ser uno de los establecimientos penales de la República.

Art. 3°. – El Gobierno creará y dotará en aquel puerto y en los demás que comprenda la Costa Mosquitia, la autoridades de policía y hacienda que crea convenientes.

Art. 4°. – También dispondrá el Gobierno el reconocimiento y apertura de los demás caminos que del interior a la Mosquitia puedan ser practicables y de utilidad pública, haciendo uso de los mismos medios.

(Código de Legislación de Nicaragua, por don Jesús de la Rocha. – Tomo II. – Página 133).

ACUERDO EJECUTIVO de 7 de febrero de 1863, estableciendo una prefectura en el cabo de Gracias a Dios.

————

EL GOBIERNO:

Considerando: que es de la mayor importancia procurar la civilización de las tribus indígenas que hay en la República, y que las que moran en el cabo de Gracias a Dios y lugares adyacentes de "Río Hueso" o "Bracman", puerto de Coco y el Fantasma en la costa de Mosquitia, se encuentran felizmente en vía de catequismo y civilización por los esfuerzos apostólicos del respetable misionero presbítero don José Manuel Subirana; en uso de la facultad que le concede el artículo 3° del decreto legislativo de 6 del corriente,

ACUERDA:

1°. – Establécese una prefectura en el cabo de Gracias a Dios y demás lugares mencionados.

2°. – Nómbrase para servirla al señor don José Lamote, con las atribuciones de ley, y el sueldo de cincuenta pesos. – Comuníquese.

(Rocha. – Obra citada. – Páginas 21-22)

————

ACUERDO de 20 de octubre de 1865, nombrando dos agentes de Policía y Hacienda, uno para el cabo de Gracias a Dios, y otro para el río Bulbul.

EL GOBIERNO:

En uso de las facultades extraordinarias legislativas de que se halla investido en los ramos de Policía y Hacienda; y considerando necesario tener agentes autorizados en la costa del Norte y al Sur de

201

los límites de la Reserva Mosquitia, para establecer y hacer cumplir sus disposiciones en aquellas partes del territorio de la República,

ACUERDA:

1°. – Se nombrarán dos agentes de Policía y de Hacienda de la República, uno para el cabo de Gracias a Dios y otro para el río de Bulbul, al Sur de la Reserva Mosquitia, con el sueldo cada uno de sesenta pesos mensuales.

2°. – Sus funciones serán determinadas por un reglamento especial e instrucciones que dará el Gobierno.

3°. – Comuníquese. – Managua, octubre 20 de 1864.

(Rocha. – Suplemento del libro del Código de la Legislación de Nicaragua. – Página 175. – Gaceta de Nicaragua. – Año II. – No. 80, de 29 de octubre de 1864).

DECRETO

mandando fundar un pueblo con el nombre de "San José del Triunfo"

———

El Senado y Cámara de Diputados de la República de Nicaragua,

DECRETAN

Art. 1°. – En el lugar llamado "El Zapote", a orillas del río el "Coco", departamento de Matagalpa, se funda un pueblo con el nombre de "San José del Triunfo".

Art. 2°. – El Gobierno dispondrá el trazo de dicho pueblo, y mandará marcarle hasta una legua en cuadro para ejidos en los terrenos baldíos de la República, organizándolo, según su capacidad, conforme a las leyes.

Dado en el salón de sesiones de la Cámara de Diputados. – Managua, febrero 22 de 1865. – J. Guerrero, D. V. P. – Manuel Urbina, D. S. – M. Avilez, D. S. – Al Poder Ejecutivo. – Salón de sesiones de la Cámara del Senado. – Managua (marzo 16 de 1865.). – Mariano Montealegre, S. P. – A. Murillo, S. S. – Federico Solórzano, S. S.

Por tanto: ejecútese. – Palacio Nacional, Managua, marzo de 1865.

TOMÁS MARTÍNEZ.

El ministro de Gobernación,

Antonio Silva.[*]

———————————

[*] Gaceta de Nicaragua. – Año III. – No. 13 de marzo de 1865.

COMUNICACIÓN

del Poder Ejecutivo al Congreso, representando la necesidad de mantener un buque guardacostas.

Señores secretarios:

El Excmo. Señor presidente de la República me ha ordenado que dirija a UU. SS. El presente despacho para que se dignen elevarlo al conocimiento de esa honorable Cámara. Es precisamente con relación a la necesidad que tiene la República de mantener un pequeño buque, o sea un guardacostas que vigile **desde San Juan del Norte hasta el cabo de Gracias a Dios**.

Hace mucho tiempo que el presidente ha considerado este proyecto útil importante y necesario; pero ni ha tenido facultades para moverlo, ni datos precisos para dirigirse al Soberano sobre este particular. Así es que durante su administración, con objeto de obtenerlos, no ha dejado de dirigir su vista a aquellos puntos, en donde ha constituido varios empleados, y a donde ha despachado algunas comisiones, que han producido bien; más la experiencia misma ha demostrado que estas medidas son ineficaces sin la asistencia del guardacostas.

Los señores secretarios, lo mismo que los demás honorables miembros del Congreso, saben muy bien que nuestra costa del Norte es casi toda accesible en sus trescientas millas, poco más o menos que tiene de longitud, pudiéndose internar por cualquiera punto de ella una invasión pirática, de que tal vez estemos amenazados en una época no muy remota. De la misma suerte saben, que lo más rico, hermoso e importante de nuestro país, está en aquella parte inhabitada y aun desconocida anteriormente, por cuya razón debemos procurar que no permanezca más tiempo a merced del extranjero que ha estado explotándola, como si hubiese sido de ninguno, o hubiese estado en la comunión universal.

Constante en sus miras, el señor presiente mandó una comisión al coronel don Manuel Gross, quien acaba de venir dando informes que han confirmado la creencia relativa a la necesidad del guardacostas.

El coronel Gross celebró dos contratas de cortes de maderas por diez años el uno y por cinco el otro, pagando cada empresario dos mil pesos anuales; de manera que ya comienza Nicaragua a utilizar sus productos, que por tantos años habían tomado otros sin pagarnos un centavo. Muchos otros contratos hubiera podido celebrar en los puntos distantes del cabo, pero no pudo comprometer el comisionado la vigilancia que se le exigía. En nuestras aguas se pesca libremente el Carey, y por varios puntos de la costa se hacen exportaciones de hule, pieles y otros artículos, e importaciones de fusiles, pólvora, plomo, efectos de ropa, aguardiente en abundancia y otras muchas cosas que llevan los buques sin pagar ni siquiera los derechos de anclaje.

Por todas estas razones S. E. ha pensado que el referido guardacostas no solo es útil, bajo el aspecto de la seguridad y del honor nacional, por cuanto se verá nuestro pabellón abrigando nuestros territorios y propiedades, sino tal vez provechoso a consecuencia del incremento que deberá tener la hacienda pública.

Como los honorables miembros del Congreso conocen las ventajas de este proyecto, el infrascrito no ha querido entrar en detalles, y solo se ha limitado a llamar su atención sobre él, convencido de que si les pareciese bueno, dictarán la medida conducente a su fin.

Mas respecto de la dificultad principal que pudiera presentarse, el Gobierno cree que es el valor del citado buque; pero también la cree allanable con la compañía de tránsito, que actualmente ha ocurrido solicitando ciertas concesiones, cuya solicitud ha pasado por mi medio al conocimiento del Congreso, ya sea que la Compañía suministre el valor, o que ella misma se obligue a poner y conservar el enunciado guardacostas, durante su privilegio, o como os parezca más propio y conveniente a la República.

De UU. SS. atento servidor, ANTONIO SILVA.*

---

* Gaceta de Nicaragua. – Año III. – No. 14 de 25 de marzo de 1865.

DATOS

referentes a La Mosquitia nicaragüense

———

Ponemos a continuación una lista de los palenques o valles más o menos grandes, de los caribes que habitan a la margen del río Coco; todos ellos con excepción de tres están situados al lado derecho, río abajo, y ponemos también el significado que tienen en español algunos nombres, según explicación de nuestro amigo el coronel don Manuel Gross, que acaba de viajar en aquella parte interesante de nuestra República y a cuya inteligencia y conocimiento en el lenguaje y lugares de los caribes debemos estas curiosidades.

Pondremos otras más con objeto de llamar la atención de los nicaragüenses hacia aquella región más rica, más extensa y más poblada de los que nosotros pensamos. ¡Cuántos intereses materiales tenemos por desarrollar! ¡Cuántas obligaciones por cumplir!

———

NOMBRES de los palenques o valles de caribes que están situados a la margen derecha del río Coco.

———

Guamblan (Nombre de un animal). – Key sik sik (Piedra menuda). – Baula Tagny (Flor de un árbol). – Sixa yery (Guineo largo). – Cama vas (Quebrada de la laguna). – Agua Tagny (Flor de agua). – Crow Tara (Un palo grande). – Crow Shirpe (Un palo chiquito). – Aul vas. – Balana. – Mangroo (Mangle). – Cahuro (Caña brava). – Umbra. – Rus Rus. – Suhee. – Moohu. – Bul (Toro). – Ulwas. – Sawpooka. – Bilwas Carma. – Sukling (Sapo). – Pitkiera. – Vankee. – Tus Kru (Roble). – Tulu Wasla. – Coom. – Raya pura.

– Andaru. – Mangroo Shirpi. – Ulatara (Casa grande). – Libra pura.
– Zaba. – Zucuby. – Livinkreek. – Blanz Kera. – Clupky.

––––––

CONTRATO de cortes de madera celebrado entre el Gobierno y William Vaughan Jr.

––––––

William John Jones, súbdito británico y procurador de William Vaughan Junior del río Wanks o Segovia, y Manuel Gross, comisionado especial del Supremo Gobierno de la República de Nicaragua para la Costa Norte de la República, han convenido en el siguiente contrato:

Art. 1°. – William Vaughan tendrá el privilegio exclusivo de cortar caoba y otras maderas en las tierras de la República situadas en el río Wanks o Segovia, y sus tributarios del mismo territorio, hasta la distancia de seis millas de sus márgenes, y desde la desembocadura de la quebrada llamada Orange Creek, y exportar las mismas maderas sobre sus buques en la desembocadura del río Wanks llamado Cayo Martínez, por el término de diez años, comenzados desde el primero de enero de mil ochocientos sesenta y cinco.

Art. 2°. – William Vaughan Junior tendrá el privilegio de cargar caoba u otras maderas, en todos los buques que lleguen de su cuenta a la barra del río mencionado o Cayo Martínez, libres de todo derecho o contribución de entrada, salida y tonelaje; tendrá así mismo el privilegio de introducir libres sin derecho alguno, los víveres, herramientas, efectos, pólvora y plomo, todo lo necesario para el uso exclusivo de sus operarios que ocupa en sus cortes, entendiéndose que esta importación libre se le concede únicamente a sus establecimientos en el río, dentro de los límites que le están designados para los cortes de maderas y al Cayo Martínez, en donde el concesionario William Vaughan Junior tendrá su embarcadero; así mismo se entienden libres de derechos de tonelaje etc., únicamente los buques que vienen de su cuenta a Argar maderas y los que traen víveres, herramientas y los efectos necesarios para los cortes.

Art. 3°. – En consideración de la concesión del privilegio exclusivo en el artículo 1° y de las exenciones de los derechos de tonelaje etc., expresados en el artículo 2°, el concesionario William Vaughan Junior se compromete a pagar al Supremo Gobierno de Nicaragua en San Juan del Norte o a cualquiera de sus agentes legalmente autorizados, la cantidad de dos mil pesos fuertes equivalentes a cuatrocientas libres esterlinas en todo el mes de febrero de cada año adelantados en letras de cambio contra los señores William Vaughan y Compañía de Londres, a 30 días vista, siendo la falta de pago de la expresada suma, razón suficiente para que el contrato quede nulo y sin ningún valor, salvo un caso fortuito debidamente justificado.

Art. 4°. – Que si al expirar el término de este contrato el Supremo Gobierno de la República de Nicaragua dispusiese su renovación por medio de licitación, o por convenio privado, se le reserva el derecho de preferencia a William Vaughan Junior, al tiempo de cerrarse la licitación o contrato privado con otro postor, en el periodo de sesenta días, de suerte que en caso de no convenir con William Vaughan Junior, le quedan a este cuatro meses para desocupar el lugar, permitiéndosele al mismo William Vaughan Junior que si le quedaban algunas trozas en alguno de los saltos o correntadas del río, sacarlas con la corriente del río del año próximo, y embarcarlas.

Art. 5°. – William Vaughan Junior se obliga a no faltar y sí cumplir fielmente con cada uno de los artículos estipulados en el presente contrato, so pena que en caso de faltar a cualquiera de estos artículos, por este mismo hecho nulifica el contrato y sus derechos a él.

Art. 6°. – Manuel Gross por parte del Supremo Gobierno de la República de Nicaragua, cuyos derechos representa, garantiza a William Vaughan Junior el fiel cumplimiento de lo estipulado en la presente concesión por el término de diez años.

Art. 7°. – El presente contrato queda sujeto como es debido a la aprobación del Supremo Gobierno de la República.

Hecho en Cayo Martínez, boca del río Wanks o Segovia, firmado por duplicado, ambos de un tenor, y en la misma fecha, a los veintitrés días del mes de enero del año de mil ochocientos sesenta y cinco. – William John Joes alti for Wm. Vaughan Jr. – Manuel Gross, comisionado. – Testigo, Jas. F. Welt. – Testigo, Lhos. D. Bowach.

El Gobierno: en vista del anterior contrato, ha tenido a bien acordarle su aprobación.

P. N. – Managua, marzo 16 de 1865.

R. de S. E. – Ministro de Hacienda,

AGUILAR. [*]

ACUERDO

ratificando el contrato entre el comisionado don Manuel Gross y el señor J. A. Naegelí, concediendo el arriendo del ramo de aguardiente del país en todo el distrito del cabo de Gracias a Dios.

El Gobierno, en uso de sus facultades,

ACUERDA:

Art. 1°. – Se ratifica en todos sus cinco artículos la contrata que literalmente dice: "Manuel Gross, comisionado del Supremo Gobierno de la República de Nicaragua en la costa Norte de la

---

[*] Gaceta de Nicaragua. – Año III, número 16 de 1° de abril de 1865.

misma y J. A. Naegelí, avecinado en el distrito del cabo de Gracias a Dios, hemos celebrado la contrata que sigue:

Art. 2°. – Gross, en nombre del Supremo Gobierno de la República de Nicaragua concede al señor don J. A. Naegelí, sus socios y sucesores el arriendo del ramo de aguardiente del país en todo el distrito del cabo de Gracias a Dios, por el término de diez años que comenzarán a correr desde la fecha en que el rematario dé aviso de haber establecido su fábrica.

Art. 3°. – Gross le concede además el privilegio de poder establecer su fábrica de aguardiente en el lugar que le convenga con tal que sea dentro de los términos de aquel distrito, de poderse proveer de aguardiente para el abasto de las ventas públicas que establezca, ya sea por vía de compras hechas en las fábricas autorizadas de la República o la de Honduras". *

---

* Gaceta de Nicaragua. – Año IV, número 44 de 4 de noviembre de 1866.

ACUERDO

por el cual se aprueba la contrata celebrada entre el comisionado don Manuel Gross y don R. H. Stonehewer concediéndole el privilegio exclusivo de extraer de los bosques nacionales de las márgenes del río Wanks la leche de hule por tiempo determinado.

_____

El S. P. E. se ha servido emitir el acuerdo siguiente: El Gobierno, en uso de sus facultades,

ACUERDA:

1°. – Se aprueba en todos y cada uno de sus cuatro artículos el convenio que dice:

"Los infrascritos, M. Gross y R. H. Stonehewer y Ca., han convenido en celebrar la contrata siguiente:

2°. – M. Gross, en calidad de comisionado especial por el Supremo Gobierno de la República de Nicaragua para la Costa Norte de la misma, en virtud de sus facultades concede a R. H. Stonehewer y socio el privilegio exclusivo de extraer leche de hule en los bosques nacionales de la República, situados en las márgenes del río Wanks o Segovia y sus tributarios, por el término de cinco años, contados desde el 1° de enero del año próximo de mil ochocientos sesenta y siete". *

_____

* Gaceta arriba citada.

ACUERDO

nombrando inspector general de Hacienda y Policía de la Costa Norte de esta República desde San Juan del Norte hasta el cabo de Gracias a Dios, al señor don Manuel Gross.

El S. P. E. se ha servido emitir el acuerdo que dice: "El Gobierno, considerando: que es de suma importancia para la República tener un empleado que vigile sobre los intereses fiscales en el territorio de la Costa Norte de la República desde San Juan del Norte hasta el cabo Gracias a Dios; y atendiendo a que el señor general de Brigada don Manuel Gross es conocedor de la enunciada costa y sus puntos adyacentes y además reúne las cualidades que la ley exige; en uso de sus facultades,

ACUERDA:

1°. – Nómbrase inspector general de Hacienda y Policía **de la Costa Norte de la República de Nicaragua desde San Juan del Norte hasta el cabo de Gracias a Dios** al mencionado general don Manuel Gross. Quien disfrutará del sueldo de cien pesos mensuales que le serán satisfechos del producto de las rentas de aquella costa.

2°. – Separadamente se darán al nombrado las instrucciones correspondientes.

Comuníquese. – Managua, enero 24 de 1867.

M
ARTÍNEZ

El ministro general, Silva. *

---

* Alcance al número 4 de la Gaceta de Nicaragua, enero 29 de 1867.

ORDENANZA MUNICIPAL

del puerto del cabo Gracias a Dios emitida el 18 de septiembre de 1869.

El Gobierno, en uso de sus facultades,

ACUERDA:

Aprobar la ordenanza municipal del puerto del cabo de Gracias, emitida por el señor ministro de Hacienda don Ramón Sáenz, comisionado al efecto; y cuyo tenor es como sigue:

"R. Sáenz, ministro de Hacienda y comisionado del Supremo Gobierno de la Costa Norte de la República.

Reparando que la población del cabo de Gracias a Dios, demanda el establecimiento de autoridades que aseguren la libertad, repartan justicia, preserven la tranquilidad doméstica y fomenten el bien general; en uso de las facultades que se me han conferido, tengo a bien dictar la siguiente:

ORDENANZA PARA EL GOBIERNO INTERIOR DEL PUEBLO DEL CABO DE GRACIAS

Gobierno interior

ARTÍCULO 1°

Sección 1ª. – El gobierno interior del lugar será dado a un inspector general, y a un consejo municipal, con arreglo a lo prescrito en esta ordenanza, y a las disposiciones que en lo sucesivo se emitan.

De las rentas

ARTÍCULO 3°

Sección 2ª. – Para las mercancías que se introduzcan al interior de la República, por el río llamado de la Segovia, u otro punto en la costa, el inspector exigirá del importador o consignatario presente, la tornaguía en un término racional de que tales mercaderías o efectos, serán registradas y pagados sus derechos en la administraciones de rentas y aduanas de tierra, quedando a libertad del empleado exigir la seguridad correspondiente.

El hule pagará uno y medio centavo por cada libra que se exporte.

La propiedad raíz situada dentro de los límites de la jurisdicción de los jueces y tribunales del cabo de Gracias, queda sujeta a tasación de tal manera y forma, como el consejo municipal lo disponga.

Los buques que lleguen a las islas y cayos del distrito jurisdiccional, a hacer la pesca de tortuga, pagarán cada uno ($10) diez pesos, como de costumbre. Los que rehúsan pagar el impuesto, serán penados a multa de treinta pesos o prisión por igual número de días.

Los buques que anclen en los fondeaderos acostumbrados del cabo y de la Barra, y pasen de veinte toneladas, pagará cada uno diez pesos por derecho de faro. Los que arriben a hacer aguada o a resguardarse de mal tiempo serán exentos del impuesto si duraren en el fondeadero solo veinte cuatro horas.

Disposiciones generales

ARTÍCULO 7°

Sección 1ª. – El inspector será nombrado por el Gobierno de la República y tomará por sí las disposiciones convenientes para la conservación de la tranquilidad pública, para asegurar y proteger las personas y bienes de los vecinos de su jurisdicción; y hará que se cumplan también las medidas administrativas, económicas y de policía urbana que se acuerden por el consejo.

Sección 2ª. – El inspector tendrá constante correspondencia con el Gobierno.

Sección 3ª. – Las leyes de la República por la presente quedan constituidas; y en asonancia con ellas, los jueces y tribunales tramitarán todo lo que ocurra en la corte, en el idioma español.

Sección 4ª. – El inspector ejercerá su oficio, mientras dure su buen desempeño; y los dos jueces asistentes y vocales, se removerán por mitad en el término de tres años.

Sección 5ª. – Cualquiera de los dos jueces asistentes, en ausencia del inspector, tendrá el poder necesario que a este se le concede por esta ordenanza para conservar el orden.

Sección 6ª. – Los jueces que aquí se señalan serán respetados y obedecidos, pudiendo imponer multas que no excedan de 20 pesos a los que les falten al respeto y desobedezcan.

Sección 7ª. – La jurisdicción de los tribunales y jueces del cabo de Gracias se extienden hasta los puntos limítrofes de las jurisdicciones contiguas.

La presente ordenanza será puntual y debidamente obedecida; y comenzará a tener sus efectos desde que se publique en el cabo Gracias.

Dado en el cabo Gracias, a 6 de agosto de 1869.

R. SANEZ.

Comuníquese. – Managua, septiembre 18 de 1869. *

————

* ROCHA. – Suplemento del Libro octavo del Código de la Legislación de Nicaragua. – Páginas 175-176-177.

ACUERDO del 18 de septiembre de 1869, aprobando una declaración del Ministerio de Hacienda en comisión.

———

El Gobierno, en uso de sus facultades,

ACUERDA:

Aprueba la declaración hecha por el señor ministro de Hacienda en comisión, cuyo tenor es el siguiente:

"R. Sáenz, ministro de Hacienda y comisionado del Supremo Gobierno en la costa Norte de la República.

Por cuanto es un derecho de soberanía, preservar y disponer del territorio a que se extiende el dominio de un soberano; y por cuanto con detrimento de ese mismo derecho, algunos empresarios o cortadores de maderas, hule y otros productos naturales y vegetales en esta costa, al amparo de la lejanía del Gobierno o de la falta de autoridades, se introducen a los bosques y disponen de todo en su propio y exclusivo provecho, importando además a sus establecimientos y moradas, artículos de comercio, estancados y prohibidos unos, y sujetos otros al pago de derechos legales de importación; y por cuanto es menester arreglar y fijar el uso de tales bosques nacionales en esta parte del territorio favoreciendo al mismo tiempo cualquier empresa o trabajo que procure realizarse bajo las bases equitativas, y que pueda refluir con el tiempo en provecho general de la misma costa con el desarrollo de la industria y de otros elementos que traen consigo las empresas; por tanto: Yo, Ramón Sáenz, ministro de Hacienda y comisionado del Gobierno de la República, declaro, por las presentes: que toda persona, compañía o asociación (excepto los indios mosquitos) que tenga o intente tener cortes de maderas o de hule en cualquier punto de esta costa, obtendrán para ello los que hasta ahora carezcan, la concesión previa del Gobierno de la República; o licencia de las autoridades del cabo de Gracias o de San Juan del Norte, si el tiempo fuere limitado, para lo cual se dan tres meses a contar de la fecha; pues, caso contrario, los contraventores, serán penados conforme las leyes, que indistintamente aplicarán gubernativamente las autoridades que antes se han expresado.

Firmado en el cabo de Gracias a Dios, a 6 de agosto de 1869.

R. SÁENZ."

Comuníquese. – Managua, septiembre 18 de 1869. *

* ROCHA. – Suplemento del Libro octavo del Código de la Legislación de Nicaragua, págs. 177-178.

CAPÍTULO VII

DOCUMENTOS RELATIVOS A LA
ADMINISTRACIÓN COLONIAL DE
TRUJILLO, RÍO TINTO Y
CABO DE GRACIAS A DIOS

TÍTULO

de teniente de ministro de Real Hacienda de Río Tinto

(Opinión de D. Francisco J. Delgado)

Dⁿ. Josef Estachería, del Consejo de su Mad^d., Brigadier de los R^a. extos, gobernador y capitán general de este reino, inspector de la Tropa Veterana y Miliciana de él, presidente de esta Real Audiencia, superintendente Gral. Del cobro y distribución de la Real Hacienda, juez conservador de la Renta de Tabacos, subdelegado de la de correos, y del ramo de Azogues. Por cuanto: habiéndose tratado en Real Junta Superior de Hacienda celebrada en catorce de agosto de este año **de arreglar y establecer el ministerio de ella en el puerto de Trujillo y establecimientos de Roatán, cabo de Gracias a Dios, y Bufeil respectivos a la Intend^a. de Camay^a. de la gobernación de este reino,** y determinándose nombrar un ministro de Real Hacienda, un interventor y un escribiente con sus respectivos sueldos, tengo nombrados con esta fecha los sujetos que me han parecido convenientes, para ministro de Real Hacienda, e interventor, y por lo respectivo a la colonia de Río Tinto proveí este.

DECRETO

Real Palacio, diez y seis de noviembre de mil setecientos ochenta y siete: en conformidad de dispuesto en Real Junta Superior de Hacienda de catorce de agosto de este año, sobre creación y establecimiento del Ministerio de ella en el puerto de Trujillo, para el que tengo nombrados los sujetos convenientes en esta fecha; y en atención a la celebrada en catorce del corriente en que se crea para la colonia del Río Tinto un teniente de ministro de Real Hacienda, y un mozo que le ayude; teniendo presente la propuesta que me hace el gobernador intendente de la provincia de Comayagua en carta de veinte y siete de octubre próximo pasado en la conducta y mérito de la persona de D^n. Josef Man. Caval, le elijo y nombro por teniente de ministro de Real Hacienda para la colonia de Río Tinto con el sueldo anual de ochocientos pesos; facultad de nombrar un mozo de su satisfacción que le ayude con doscientos pesos, calidad de dar las fianzas correspondientes a satisfacción de dicho ministro real y relevación de media anata para de primera creación, y líbrese título en la forma acostumbrada.

Ello mediante para que tenga efecto, libro el presente por el cual elijo y nombro al dicho Don. Manuel Josef Caval por teniente de ministro de Real Hacienda en la colonia del Río Tinto nuevamente creado en el pueblo de Trujillo, para que como tal lo use y ejerza en todo lo tocante y perteneciente a dicho empleo, siendo de su cargo la custodia de los caudales de Su Majestad Víveres y demás efectos que deban acopiarse en aquella colonia, formando los libros de entradas y salidas, papeles y reconocimientos, escrituras y todo lo demás concernientes al mejor seguro de los haberes reales, con cuenta y razón formal para rendirla a su tiempo por inventario; con la facultad de que pueda poner un mozo de su confianza que le ayude en las operaciones mecánicas de su instituto con la asignación de doscientos pesos que se les satisfarán de Real Hacienda. Y por esta ocupación gozará el sueldo de ochocientos pesos asignado en la misma junta del catorce del corriente; con la precisa calidad y obligación de dar las fianzas correspondientes a satisfacción de dicho ministro de Hacienda de Trujillo como de su cuenta y riesgo, ante quien deberá hacer el juramento acostumbrado. Y ordeno y mando a los jueces y justicias de Su Majestad y subalternos de dicha colonia le hayan y tengan por tal teniente de ministro real de Hacienda, guardándole y haciéndole guardar las honras, gracias, mercedes, franquezas que por este empleo le tocan; y le relevo del Real Derecho de media anata por ser de primera creación. Tomándose razón de este título en el Tribunal y Contad^a. Mor. De cuentas y en la oficina del Ministerio. Fecho en Guatemala, a diez y seis de Nov. De mil setecientos ochenta y siete años.

JOSEF ESTACHERIA.

Por mandato de su señoría.

JUAN HURTADO.

Tomóse razón en el Tribunal de la Conta^{ría}. Mor. De cuentas. – Noviembre diez y siete de mil setecientos ochenta y siete.

RAMÍREZ.

Queda copiado en el libro corte de la oficina de mi cargo: fha. Utsupra.

HURTADO.

Es puntual copia de su original a que me remito. Real casa de Comy^a. Julio 29 de 1788.

FRANCISCO DE AGUIRRE. *

---

* El documento precedente y los demás que siguen han sido tomados del Libro Real en que constan los asientos de las Reales Cédulas y Tomas de Razón en la Caja Real de Comayagua, que comienza el 1° de septiembre de 1787, y que se halla depositado en el Archivo Nacional.

TÍTULO

de interventor a favor de don Tomás Villa en el Puerto de Trujillo.

Don Josef Estacheria, del Consejo de su M., Brigadier de los Reales extos., gobernador y capitán Gral, del reino de Guatemala, inspector de la tropa veterana y milicias de él, presidente de su Real Audiencia, superintendente Gral. Del cobro y distribución de la Real Hacienda, juez conservador de la Renta de Tabacos, subdelegado de la de correos y del ramo de Azogues, etc.

Por cuanto: **Habiéndose tratado en Real Junta Superior de Hacienda celebrada en catorce de agosto de este año, de arreglar el ministerio de ella en el Puerto de Trujillo y establecimientos de Roatán, cabo de Gracias a Dios y Buflis respectivos a la Intendencia de Comayagua de la Gobernación de este reino;** con vista de cuanto produjo el expediente del asunto, se determinó que yo nombrase persona que sirviese en el dicho puerto de Trujillo el Ministerio p.ral de Real Hacienda, un interventor y un escribiente, a cuyo cargo corriese la custodia de caudales, víveres y demás efectos que deban acopiarse en aquel puerto. Y conformándome con esta disposición proveí este

DECRETO:

Real Palacio, noviembre diez y seis de mil setecientos ochenta y siete; en conformidad de lo dispuesto en Real Junta Superior de Hacienda celebrada en catorce de agosto de este año en el expediente sobre arreglo y establecimiento del Ministerio de Hacienda en el puerto de Trujillo, elijo y nombro por interventor de él a don Thomás Villa en atención a su mérito, con el sueldo de ochocientos pesos que le deberá correr desde que tome posesión de este empleo, relevándose del Real Derecho de media anata por ser de primera creación **con la calidad de afianzar hasta en cantidad de dos mil**

pesos a satisfacción de la Intendencia de Comayagua y recíproca responsabilidad con el ministro p.^{ral} que con esta fecha he nombrado. Líbrese título en la forma acostumbrada, sacándose testimonio duplicado en la forma acostumbrada, sacándose testimonio duplicado para dar cuenta a S. M.

ESTACHERÍA   JUAN HURTADO

Ello mediante para que tenga efecto, libro el presente por el cual elijo y nombro por interventor del Ministerio Real de Hacienda nuevamente creado en el puerto de Trujillo de dicha Gobernación de Comayagua a don Thomás Villa en atención a sus méritos y servicios para que como tal use y ejerza este empleo en los casos y cosas a él anexas y concernientes, siendo de su cargo y del Ministerio de Real Hacienda que en el día he nombrado la custodia de las caudales de S. M., víveres y demás efectos que deban copiarse en aquel puerto, formando los libros de entradas y salidas, papeles y reconocimientos, escrituras y todo lo demás concerniente con cuenta y razón formal para rendirla a su tiempo por inventario; con la facultad de que pueda poner un mozo de su confianza que le ayude en las operaciones mecánicas de su instituto, con la asignación de doscientos pesos que le satisfarán de la Real Hacienda. Y por esta ocupación gozará el sueldo de ochocientos pesos que es el asignado a esta plaza por la enunciada Real Junta **con la precisa calidad y obligación de dar fianzas a satisfacción de la Intendencia de Comayagua** hasta en cantidad de dos mil pesos y recíproca responsabilidad con el Ministerio de Real Hacienda, a quien mando le reciba el juramento acostumbrado y a los demás jueces y justicias de S. M. le hayan y tengan al expresado don Thomás Villa por interventor del Ministerio del puerto de Trujillo, guardándole y haciendo se le guarden todas las honras, gracias, mercedes, franquezas, que por dicho empleo corresponden, relevándole como le relevo del Real derecho de media anata por ser de primera creación; y de este título se tomará razón en el Tribunal y Contaduría Mayor de Cuentas de este reino y oficina de aquel Ministerio. Fecho en Guatemala a diez y seis de noviembre de mil setecientos ochenta y siete.

JOSEF ESTACHERÍA.

Por mandato de Su Señoría.

JUAN HURTADO.

Tomóse razón en el Tribunal de la Contaduría Mayor de Cuentas. – Noviembre diez y siete de mil setecientos ochenta y siete.

RAMÍREZ.

Queda copia en el libro corriente de la oficina de Comª. de mi cargo. – Fha. Ut-para.

HURTADO.

Real Caja de Comayagua, cuatro de noviembre de mil setecientos ochenta y ocho. – Queda copiado este título en el Libro Real de cédulas y mercedes de esta caja.

FRANCISCO DE AGUIRRE.

Es puntual copia de su original a que me remito. – Real Caja de Comayagua de Comayagua y noviembre cuatro de mil setecientos ochenta y ocho años.

Francisco de Aguirre.

RAZÓN

Por despacho del M. Y. S. presidente, gobernador y capitán Gral. De este reino de 5 de octubre del corriente año, **se nombra para**

comandante del nuevo establecimiento del cabo de Gracias a Dios a don Francisco Pérez Brito, con dependencia del puerto de Trujillo, con la gratificación de ochocientos pesos anuales, del que queda tomada razón en el Tribunal de Cuentas de este reino. – Comayagua, octubre 30 de 1789.

AGUIRRE.

NOMBRAMIENTO

Al coronel graduado D. Francisco Salablanca, para comandante del puerto de Trujillo.

Don Bernardo Troncoso Martínez del Rincón, del Consejo de Su Majestad, mariscal de campo de las R^s. Extas, gobernador y capitán Gral. Del reino de Guatemala, presidente de su Real Audiencia, inspector de la tropa veterana y milicia, de él superintendente general del cobro y distribución de la Real Hacienda, juez conservador de la Renta de Tabacos, subdelegado de la de correos y del ramo de Azogues, etc.

Por cuanto: hallándose vacante el empleo de comandante del puerto de Trujillo de este reino por muerte del coronel don Félix Domínguez que lo obtenía por comisión, nombro para que lo sirva en la misma conformidad y con la ayuda de costo de ochocientos pesos anuales señalados en Junta Superior de Real Hacienda a dicho empleo, al coronel graduado don Francisco Salablanca, capitán de granaderos del Regimiento de Infantería fijo de este reino, en atención al distinguido mérito que tiene contratado en la Comandancia Interina del Fuerte provisional de San Carlos que acaba de servir, y al honor, confianza y demás buenas circunstancias que posee; **por tanto: ordeno y mando a los oficiales., tropa y vecindario del citado puerto, y a los comandantes de los establecimientos y puertos de la Costa de mosquitos hayan y tengan al referido don Francisco Salablanca por tal comandante del puerto de Trujillo, obedeciendo puntualmente las órdenes y providencias que les comunicare,** guardándole y haciéndole guardar las horas, gracias, preeminencias y exenciones que le corresponden, y le deben ser guardadas bien y cumplidamente, sin que se le falte en cosa alguna; a cuyo efecto libre el presente despacho del que se tomarán las razones convenientes, firmado de mi mano, sellado con el escudo de mis armas y refrendado por el infrascrito secretario de Cámara del Gobierno, Presidencia y capitán general de este reino.

Dado en Guatemala, a 3 de enero de 1790.

BERNARDO TRONCOSO.

MARIANO DE EZETA.

Tomóse razón.

Tribunal de Cuentas, 3 de febrero de 1790.

RAMÍREZ.

Comayagua, marzo 1° de 1790.

Pase a la Contaduría.

GARCÍA.

Es copia fiel de su original.

Comayagua, marzo 1° de 1790.

NOMBRAMIENTO

a D. Josef Ariza para teniente de ministro de Real Hacienda para el cabo de Gracias a Dios.

Don Bernardo Troncoso Martínez del Rincón, del Consejo de Su Majestad, mariscal de campo de los Reales Ejércitos, gobernador y capitán general de este reino, inspector de la tropa veterana y milicias de él, presidente de esta Real Audiencia, superintendente general del cobro y distribución de la Real Hacienda, juez conservador de la Renta de Tabacos subdelegado de la de correos, y del ramo de Azogues.

Por cuanto: en el expediente sobre creación del Ministerio de Real Hacienda en el puerto de Trujillo, y demás establecimientos en la costa Norte se acordó en la Junta de Real Hacienda celebrada en 14 de noviembre del año próximo pasado de mil setecientos ochenta y siete la creación (entre otras) de un teniente de ministro de Real Hacienda para el cabo de Gracias a Dios, con el sueldo de ochocientos pesos al año y un mozo que le ayude en las funciones que son de su cargo, con doscientos pesos anuales. – **Y habiéndose instruido expediente para el nombramiento de este empleo a don Josef de Ariza y Torrez, y dado las fianzas prevenidas en Campeche, a satisfacción del intendente de Comayagua**, y ministro de Real Hacienda, tuve a bien con lo que me informó la Contaduría Mayor y pidió al Sr. Fiscal, nombrar en auto de siete de septiembre último al citado don Josef Ariza y Torres, con atención a su conducta y méritos, por teniente de ministro de Real Hacienda, para el cabo de Gracias a Dios, con el sueldo de su dotación y mozo que le ayude, con doscientos pesos anuales y que le librase el correspondiente título. – **Ello mediante, para que tenga efecto libro el presente por el cual elijo y nombro al dicho don Josef de Ariza y Torres, por teniente de ministro de Real Hacienda en la colonia del cabo de Gracias a Dios nuevamente creado en el puerto de Trujillo**, para que como tal lo use y ejerza en todo lo tocante y perteneciente a dicho empleo, siendo de su cargo la custodia de los caudales de Su Majestad, víveres y demás efectos que deban acopiarse en aquella colonia, formando los libros de entradas y salidas, papeles y reconocimientos, escripturas y todo lo demás concerniente al mejor seguro de los haberes reales con cuenta y razón formal para rendirla a su tiempo por inventario; con la facultad de que pueda poner un mozo de su fianza que le ayude en las operaciones mecánicas de su instituto, con la asignación de doscientos pesos que se le satisfarán de Real Hacienda, y por esta ocupación gozará el sueldo de ochocientos pesos asignado en la citada Junta de Real Hacienda de catorce de noviembre de mil setecientos ochenta y siete; y respecto a tener dado la fianza que está acordado, mando al ministro de Real Hacienda de Trujillo, que recibiéndole el juramento acostumbrado, de que bien y fielmente usará este oficio, le haya y tenga por tal teniente de ministro de Real Hacienda, como a los jueces y justas de S. M. y subalternos de dicha colonia, guardándole y haciendo se le guarden las honras, gracias, mercedes y franquezas que por este emp°. le tocan. – Y le relevo del real derecho de media anata, por de primera creación.

Tomándose razón de este título en el Tribunal y Contaduría Mayor de Cuentas, y en la oficina del Ministerio.

Fecho en Guatemala a cinco de febrero de mil setecientos noventa y uno.

BERNARDO TRONCOSO.

Por mandato de Su Señoría.

JUAN HURTADO.

Tomóse razón.
Tribunal de Cuentas, 7 de febrero de 1791.
Por ocupación del Sr. Contador mayor.

JULIAN HERNÁNDEZ DE ROLDAN.

Tomóse razón en las Reales Cajas de esta intendencia.

Comayagua, 7 de julio de 1791.
Es copia fiel de su original.
Real Caja de Comayagua, julio 23 de 1791.

BRILLANTE   BASURTO

ORDEN

de la Real Junta de Hacienda de Comayagua para que se liquide y pague el préstamo de la tropa etc., que estuvo de servicio en Río Tinto.

Real Junta. – Provincia de Comayagua, septiembre diez y ocho de mil setecientos noventa y dos.

Fórmese la presente liquidación de la cantidad a que hacienden los nueve meses de prest. Que se les debe a esta tropa como lo afirman los ministros de Trujillo y lo contestan los testigos examinados, y así mismo el importe de los prest. De los sargentos, cabos y tambores, y el de los soldados difuntos y el de las mil novecientas catorce, medias raciones, al respecto y según se acostumbra, **en atención al certificado del teniente ministro de Río Tinto** y hecha esta liquidación procédase a hacer el efectivo pago a los interesados mediante a la urgente necesidad para no causarles el perjuicio irreparable que pueda irrogárseles de que se demoren en esta ciudad después de tan larga ausencia de sus casas y las enfermedades que padecen contratadas en el real servicio.

Y por cuanto: puede resultar algún exceso en la paga (que en todo caso deberá ser de cuenta del Ministerio de Trujillo) el comandante de este destacamento hará la correspondiente obligación de recobrar, y restituir a estas cajas la cantidad que resulte en percibido demás de la que le corresponde según el ajustamiento y resumen general que remitirán los ministros de Trujillo a vuelta de correo, a quienes se les apercibe y encarga el exacto cumplimiento de su obligación en esta materia tan interesante a la Real Hacienda y al servicio del rey, para lo que se les libre oficio con inserción de este auto tomándose razón. – Así lo proveyeron, firmaron y mandaron los señores de la Junta por ante mí de que doy fe.

Entre renglones – que puede irrogársele – Vale.

Licenciado VALERO   BRILLANTE

BASURTO   JOAQUIN LINDO

Es copia fiel de su original.

Comayagua, septiembre 22 de 1792.

BRILLANTE   BASURTO

COMISIÓN

al subdelegado de Olancho D. Antonio Tablada para suministrar abastos a los establecimientos del Norte.

Don Alexo García y Conde, coronel de los reales ejércitos, gobernador intendente y comandante general de las armas por S. M. de esta provincia de Honduras y en ella vice patrón real subdelegado, juez privativo y principal del real derecho de tierras, etc.

Por cuanto: desde el año pasado de 1790 en que nombré por subdelegado para el partido de Olancho a don Antonio Tablada **con la comisión de abastecer de maíces, ganados y otras especies a los establecimientos del Norte**, corriendo también a su cargo la recaudación de tributos, en cuya comisión no obstante de haber renunciado, en principios de este año, la subdelegación que servía a continuado acreditando su actividad, desempeño y fiel administración en los intereses de S. M. que se le han anticipado por la Real Hacienda, quien en el día se haya solvente, por la rendición que ha hecho de las cuentas generales, y me ha acreditado con certificados de los ministros de estas reales cajas.

Por tanto: he tenido a bien el librarle comisión en forma como por la presente lo hago, para que continúe en el referido encargo; asegurando a satisfacción de los ministros de Real Hacienda los caudales que entren a su poder o se le anticipen de esta Tesorería para el acopio de las indicadas provisiones, y costas de remesas que debe hacerse de ellas **a los mencionados establecimientos**, con arreglo a las órdenes e instrucciones que hasta ahora se han dado y en adelante se dieren. Y para mejor cumplimiento de esta comisión, mando al subdelegado y demás jueces del Partido de Olancho que den todos los auxilios que necesite al mencionado don Antonio Tablada, siempre que se les pida para el desempeño de este encargo y servicio del rey, y póngase en noticia de los enunciados ministros de Real Hacienda para su constancia.

Fecho en Comayagua, a veinte y seis de octubre de mil ochocientos noventa y dos.

ALEXO GARCÍA.

Por mando de S. S.

JOAQUÍN LINDO.

Es copia de su original.
Real Caja de Comayagua, octubre 26 de 1792.

BRILLANTE   BASURTO

CAPÍTULO VIII

JUICIO Y RELACIÓN DE LOS LÍMITES TERRITORIALES DE HONDURAS Y NICARAGUA

LÍMITES
entre Honduras y Nicaragua en la costa del Mar del Norte

Honduras: los nombramientos de los primeros gobernadores y conquistadores de esta provincia fueron extendidos sin señalarles límites algunos esperando solo que habían de gobernar "lo que estaba poblado o en lo que adelante se poblara" sin indicar hasta dónde llegaba los límites de su gobernación; así lo vemos desde Diego Salcedo (1526) hasta llegar la fecha de 1700. – A pesar de esto por algún otro documento que van copiados, se hace notar que por lo que respeta a la parte Sur y Poniente quedaron bien fijos, no así hacia la parte Oriental; resulta pues por lo que esta Gobernación pobló en dicha costa Norte como por lo que se desprende en la designación de límites de la provincia de Nicaragua con la de Honduras, no alcanzaba esta sino hasta el puerto de Trujillo inclusive, pues aunque fue este poblado por Pedro de Alvarado se le asignó desde luego a la misma

Nicaragua: otro tanto sucede con esta provincia con respecto a los límites que se le señalaron a su conquista y población en que se le fijan claramente los de la parte de Poniente y Sur pero quedando con cierta nebulosidad en lo que mira al Oriente y costa del Norte, como se verá por los nombramientos de los gobernadores y otros documentos que también se envían copiados.

Los Gutiérrez: en vista de lo anterior es de suponer que comprendiendo S. M. que aún quedaba un gran territorio por poblar y conquistar desde donde terminaban los límites de la llamada Tierra Firme y Honduras, celebró asientos y capitulaciones con Felipe Gutiérrez (1854) y después con Diego Gutiérrez (1540) en los cuales se mandan poblar y conquistar dichos territorios, entre ellos la llamada provincia de Veragua, que si bien una parte en cuadro de 25 leguas le fueron concedidas a don Luis Colón en 1537 como transacción en el pleito seguido con la Corona, más tarde en 1556 vuelven otra vez a pertenecer a la Corona. Por el contexto de estas capitulaciones se determina claramente lo que antes tenemos dicho, que los límites de Honduras llegaban al cabo Camarón y Río Grande (hoy san Román) y que Nicaragua no hacía extensivo sus límites a la Costa del Norte no pasando más allá de los comprendidos a la llamada Nueva Segovia que estaba dentro de su gobernación, pues es indudable que si S. M. hubiera sabido que los territorios encomendados a los Gutiérrez pertenecían a ambas gobernaciones no hubieran tenido razón de ser las dichas capitulaciones, y así lo demuestra el incidente promovido entre Diego Gutiérrez y el gobernador de Nicaragua, Rodrigo de Contreras sobre la jurisdicción del río llamado Desaguadero (1541).

Estos conciertos celebrados vemos que no llegaron a tener del todo efecto, por la muerte que dieron los indios al dicho Diego Gutiérrez; y que en virtud de lo asentado con S. M. viene a sucederle su hijo don Pedro, el cual cede sus derechos con aprobación de S. M. (1594) en Juan Pérez de Cabrera que viene a ser como el sucesor a lo capitulado con Diego Gutiérrez y que por causas imprevistas se le mandó suspender dicha conquista (1552) siendo nombrado en recompensa de lo que había gastado, gobernador de la Provincia de Honduras. Todavía al llegar el año 1559 vemos que al alcalde mayor de Nicaragua, Alonso Ortiz del Gueta, se le da la comisión de conquistar y poblar ciertos "territorios de indios que se encuentran entre las provincias de Nicaragua y la de Honduras y el Desaguadero de Nicaragua hacia la parte de la ciudad de Nombre de Dios entre la

Mar del Sur y la del Norte". Esta comisión pasa por orden de S. M. en 1561 al Ldo. Caballón y más tarde (1562) a Juan Vásquez de Coronado la gobernación y conquista de la Nueva Cartago y Costa Rica, pero advirtiendo en que las instrucciones que se le dieron a los dos últimos, se les fijan como límites "desde Tierra Firme hasta el Desaguadero inclusive", lo cual parece indicar que el territorio concedido desde Tierra Firme al cabo Camarón a Diego Gutiérrez, Alonso Cabrera del Gueta, Caballón y Vásquez Coronado, lo dividió S. M. quedando solo reducido a lo que hoy se llama Veragua y Costa Rica, no pasando más allá al Desaguadero, quedando por conquistar, señalar y encomendar lo comprendido desde este último punto hasta el cabo Camarón, objeto principal a que se refieren las investigaciones para averiguar a que provincias le fueron designados. Pero donde más claramente vemos el fraccionamiento del territorio concedido a Diego Gutiérrez es al llegar a 1573 en que S. M. celebra asiento y capitulación con Diego de Artieda para la conquista y descubrimiento de Costa Rica desde las bocas del Desaguadero, hasta los confines de Veragua sin que nada se diga desde el Desaguadero hacia Honduras antes al contrario, por una serie de documentos anotados con fechas 1556 y 77, se mandó por S. M. en virtud de peticiones de la audiencia de Guatemala se prevea la conquista y población desde el cabo Camarón hasta Veragua o lo que es lo mismo la llamada Tegucigalpa o Nueva Cartago, siempre que no entraran estos territorios en la gobernación y conquista que se le dio a Diego de Artieda.

Por consiguiente, al comenzar el año 1573, en que fue nombrado gobernador de Costa Rica y Veragua Diego de Artieda, caducan de hecho y de derecho todo lo concedido a Felipe y Diego Gutiérrez y de no haber sido así, parece indicar que la Provincia de Costa Rica alcanzase su jurisdicción hasta el Cabo Camarón, cuando con grandes dificultades no traspasó sus límites más allá del Desaguadero.

Tegucigalpa: esta comarca conocida desde un principio con dicho nombre, fue objeto de conquista por parte de casi todos los gobernadores de Honduras desde Montejo; del Gueta (1562) cuando fue gobernador de dicha provincia, con el cual se celebró una capitulación fecha en Madrid 16 de diciembre dando principio a la conquista en 1567, según carta del mismo fecha en Honduras en 15 de abril, que si bien no dio el resultado deseado, sirvió siempre de incentivo a todos los demás gobernadores que le sucedieron en su gobernación muchos de los cuales trataron unas veces por su cuenta y otras por encargo de S. M. la conquista de esta provincia hasta llegar al año 1700, término que hasta hoy hemos dado a los trabajos, no dejando de hacer notar que de por parte de Nicaragua se hubiera tratado en este periodo, lo que siempre fue de constante tentativa por parte de Honduras.

Reasumiendo: todo lo expuesto vemos que hasta el año 1700 el territorio objeto de cuestión, no estaba de una manera clara y terminante asignado a ninguna de las dos gobernaciones y mucho menos a la de Nicaragua; y si algún derecho se puede alegar, sería, por lo que respecta a Honduras, que era la provincia que geográficamente considerada debiera estar unida no solo por ser comarcana, sino porque siempre su conquista partió de la Gobernación de Honduras y en este concepto parece que formaba parte de su gobernación.

Adjunto acompaño un mapa calcado de la obra titulada: Historia de Guatemala de Fuentes Guzmán donde se ve que la Provincia de Tegucigalpa llegaba hasta el Desaguadero.

Últimamente desde 1700 en adelante en que estos territorios fueron invadidos por los ingleses; el establecimiento de los llamados zambos y mosquitos, como también las creaciones de las nuevas intendencias última división gubernativa en época más moderna como cualquier otra alteración o vicisitudes que sucedieran hasta la época de la emancipación española podrán encontrarse las bases de más claros y verdaderos límites de estas provincias.

Sevilla, 3 de octubre de 1889.

FRANCISCO J. DELGADO.

Dijimos al terminar el primer periodo de los trabajos sobre los límites de Honduras y Nicaragua en las costas del Atlántico, que el territorio llamado Tegucigalpa que era el comprendido próximamente desde Trujillo hasta el Desaguadero de San Juan por toda la costa de Norte a Sur en anchura de 20 a 30 leguas, había fundamentos muy sólidos para creer perteneciese a la Provincia de Honduras, pues en esta principalmente no solo radicaban la mayor parte de los indios que componían aquel territorio sino porque intervino desde un principio en la conquista y reducción de los mismos, siendo objeto de constantes tentativas, por sus gobernadores, ya particularmente, ya celebrando capitulaciones con aprobación de S. M.

Al llegar a este 2° periodo o principio del siglo 18 cambia por completo la denominación de este territorio, sin que se vea citado su nombre antes referido de Tegucigalpa, y en su lugar viene a sustituirlo los nombres de varias parcialidades de indios entre ellos los zambos y mosquitos que unidos y apoyados por los ingleses, ocupan este territorio, formando varios pueblos y rancherías que presentan una serie de obstáculos a la marcha de la colonización española en la dicha comarca, especialmente a la Provincia de Comayagua con la cual estaba más en contacto.

El origen e historia de estos indios negros mosquitos se reduce a un desembarco de negros por los ingleses en la isla llamada de los mosquitos cerca de la costa, los cuales protegidos por los mismos, se unieron a los indios caribes, zambos y otros de diferentes parcialidades con las cuales se mezclaron y multiplicaron prodigiosamente y que favorecidos por asperezas y calidad de aquellos terrenos causaron graves y serios perjuicios a los españoles, pues auxiliados por los ingleses se oponían a ser conquistados y ejercían el comercio ilícito que para realizarlo se aprovechan de las ventajas de una multitud de ríos que desde las costas del Norte se comunicaban con el interior sin ser vigilados.

Es de suponer que este sería el motivo para que el gobierno de S. M. viendo que estos males que se causaban, revestían tanta gravedad, confiara su remedio al Gobierno superior o capitán general de Guatemala antes que a los gobernadores limítrofes donde habitaban dichos indios. Así vemos que desde los primeros años del indicado siglo el presidente o capitán general de Guatemala

241

comienza a ejercer especiales actos de jurisdicción por diferentes conceptos y mandatos de S. M. en todas las costas de Honduras, desde Omoa, Trujillo y establecimientos de mosquitos, que todo ello abarcaba y comprendía una misma cosa. "Medida que si por lo pronto parecía, daba buen resultado fue indudablemente anti política pues menoscabando la autoridad de los gobernadores como sucedía con el de Comayagua, estos no podían tomar iniciativa a pesar de estar más interesados y enterados de las cuestiones que se promovían y por otro lado los remedios y medidas no llegaban con la prontitud y eficacia que debieran por encontrarse el Gobierno Central de Guatemala a espaldas digámoslo así del terreno de los sucesos. Esto dio lugar, que a pesar de estas órdenes, comenzase una lucha entre ambas jurisdicciones, promovidas por las continuas quejas de los gobernadores, que se acentuó más desde la creación de las nuevas intendencias.

Sin embargo, es preciso hacer constar que aun durante este periodo de exclusiva jurisdicción de Guatemala en las llamadas costas de Honduras y Mosquitos, los capitanes generales llamaban en nombre de S. M. en primer lugar como auxiliares más inmediatos a los gobernadores de Comayagua (véase documento n. 9, 11 y 13) y varias veces a los de Nicaragua cuyas reducciones de indios adelantaron muy poco en la llamada Segovia; y si estos alguna vez lo intentaron (documento n. 16) no solo no tuvo resultado, sino que por el mismo se verá el poco interés que había por parte de Guatemala a que la conquista de los indios zambos y mosquitos, se hiciera por su provincia, al contrario de lo que sucedía con Comayagua, y por último si el presidente de Guatemala en 1747 (documento n. 6) en virtud de órdenes de S. M. encargaba dicha conquista a los dos gobernadores de Nicaragua y Honduras le señalaba el primero por mando de su Gobierno desde el cabo de Gracias a Dios hasta el río Chagre y al 2° el Gobierno de la Provincia de Honduras hasta dicho cabo.

CREACIÓN DE LAS INTENDENCIAS

Comprendiendo este 2° período desde 1700 hasta la época de la emancipación, abrigábamos las esperanza de que extendidas más las conquistas y reducciones de los indios, y al mismo tiempo que el régimen administrativo y político de las colonias había llegado a su mayor apogeo; las demarcaciones de límites no solo de las Audiencias y Capitanías Generales, sino también de cada una de las provincias de que se componían hubieran llegado a deslindar sus términos para evitar las enojosas cuestiones de competencia entre todas las autoridades; en efecto al llegar a la época del muy Ilustre D. Carlos III en que se verifican en las colonias grandes e importantísimas reformas debidas a los nuevos adelantos morales y materiales que lo reclamaban, siendo entre otras la creación de las nuevas intendencias que se realizó después de un maduro examen por parte de los hombres más competentes, imprimiéndose para su aplicación y conocimiento general, sus ordenanzas, unas para la parte Nueva España y otras para la América Meridional, sin duda para acomodarlas a las circunstancias especiales de cada una de estas partes del Continente Americano.

Si este nuevo orden de cosas se hubiera llevado a efecto en la práctica, lo establecido en sus ordenanzas siendo esta la última organización con que se llegó a la época de la emancipación, claro es que las cuestiones de límites no hubieran encontrado las grandes dificultades y dudas que tropiezan a cada paso, viniendo a ser una de las cuestiones más complejas y de difícil arreglo. Establecen en uno de sus artículos estas ordenanzas que los intendentes-gobernadores de cada provincia tenían que mandar en el más breve plazo una descripción geográfico-política con su correspondiente plano topográfico del distrito de su mando, indicándose en él las situaciones de los partidos, pueblos, ríos, montañas, etc., y expresa demarcación de sus límites.

Este mandato no fue desgraciadamente cumplido por todos los intendentes y aún los que lo llevaron a efecto, no por eso, nos sacan de algunas dudas sobre la demarcación de varios territorios objeto hoy de varios litigios.

Los motivos que nuevamente se presentan, no obedecen ni puede atribuirse más que a una razón especial que en la siguiente. Perteneciendo la América a un solo dueño soberano, este alteraba, cambiaba, a cada momento por circunstancias imprevistas las jurisdicciones de todas las autoridades cosa muy contraria al espíritu de las sabias ordenanzas mencionadas.

Los resultados no podían menos que producir confusiones, pues al cometerse estos actos de jurisdicción algunos tan contradictorios, por aquellas autoridades por disposición de S. M. estos han sido traídos a colación en la época actual para acreditar derechos de propiedad de territorios y comarcas, cosa a mi juicio digna de un maduro y detenido examen, y que teniendo próximamente aplicación a la cuestión de límites de Honduras fue preciso copiar unos cuantos expedientes promovidos como consecuencia de los dichos diversos actos de jurisdicción para que por incidencia pueda el árbitro formarse un juicio razonable y conciliador, única manera de poder resolver con mejor criterio el asunto que se desea.

Actos de jurisdicción: pueden llamarse aquellos que ejercían ciertas autoridades en determinados territorios en virtud de órdenes superiores de S. M. Ahora bien repetimos: ¿Pueden estos actos de jurisdicción verificados por estos conceptos resolver las cuestiones de límites sin someterlos a un juicio razonable? Creo que no; pues si así fuera, al llegar la separación y formación de los diferentes Estados de América, resultarían grandes anacronismos y como ejemplo práctico me anticipo a exponer lo que hubiera pasado entre Guatemala y Honduras, si antes de emanciparse de España no se hubiese llevado a efecto la Real Orden de 17 de septiembre de 1816, en que se manda que los puertos de Omoa, Trujillo y demás puntos militares, queden bajo la jurisdicción de la Intendencia de Comayagua; entonces el Gobierno de Guatemala hubiera podido sostener presentando diferentes reales órdenes en las que se mandaban que los presidentes eran los únicos que podían entender en las costas de Honduras y mosquitos, se daría el caso de faltar a las leyes geográficas de que lo mayor atrae a lo menor, y que la no menos absurda de que Comayagua pudiera disponer de su territorio y no de sus costas que le estaban adheridas.

El rey de España disponiendo como solo dueño, por causas de conveniencias particulares y del momento, solía conceder jurisdicción en ciertos territorios a determinadas autoridades distintas de aquellas a quienes correspondían; una veces por la confianza y conocimiento práctico que le prestaban ciertas personas en aquello que se decretaba (véase Ppt^a 1742 sobre el gobernador de Yucatán) otra por la índole especial de algunos asuntos se encargaba a la autoridad de más superior jerarquía (véase Dct^o 23 y 24) y por último por prontitud y remedio con que se podían auxiliar con tropas y dinero, obligaban a los reyes a conceder cierta intervención a autoridades muy distantes del territorio de su mando (véase la R. O. de 30 de Noviembre de 1803.)

Volviendo a la creación de las intendencias el de Comayagua don Ramón Anguiano cumpliendo con lo mandado en las ordenanzas (véase Docto. 22) al hacer la descripción de la Subdelegación de Olancho que estaba dentro de su distrito dice: que las parcialidades de los indios zambos y mosquitos caían dentro de su territorio y al hablar de los límites de Honduras los señala en la parte del Oriente el cabo Gracias a Dios. Este mismo intendente promovió desde que se hizo cargo de su mando, una competencia de jurisdicción con el presidente de Guatemala, por lo que respecta a las costas de Trujillo y establecimientos de mosquitos fundándose en las ordenanzas y en la necesidad y conveniencia de su intervención, pero todo le fue negativo a pesar de pertenecer aquellas costas al territorio de su mando, sin duda fundado en la importancia internacional que envolvía la cuestión de mosquitos, y que aún después de haberse verificado por Inglaterra la devolución de aquella comarca, continuó el presidente de Guatemala hecho cargo de aquellos establecimientos sin intervención del de Comayagua, mandando restablecer con familias españolas los puntos que ocuparon los ingleses, en Trujillo, cabo Gracias a Dios, etc. (Véase Docto. 19, 22 y 23.)

Más tarde, tal vez habiendo desaparecido los motivos en que se fundaba la anterior determinación y en virtud de grandes reclamaciones presentadas a las Cortes por los procuradores de Comayagua en nombre de sus electores, pudieron recabar la Real

Cédula de 19 de septiembre de 1816 (Docto N° 26) que si bien no se especifica en ella las costas de Mosquitos, se puede interpretar, debieran de estar incluidas, pues ya hemos visto que las cuestiones que se promovieron por los intendentes de Comayagua siempre iba anexa la de los referidos establecimientos.

Por lo tanto tenemos, que al llegar al año 1816 en que todavía no se había dado el grito de independencia en estas provincias de Honduras, S. M. devuelve a la Jurisdicción de Comayagua todas sus costas y parte de la de los mosquitos, sin que podamos presentar por parte de Nicaragua algún documento a su favor ni contrario a lo manifestado.

Solo resta que dilucidar otra cuestión que queda pendiente y que pertenece a los actos de jurisdicción indicados anteriormente; me refiero a la Real Orden que hoy presentan los de Colombia, de 30 de noviembre de 1803 (Docto. 18 y 20) en que S. M. concede a los virreyes de Santa Fe, la jurisdicción de todas las costas de mosquitos desde el cabo de Gracias a Dios hacia el río Chagre, cuya validez es hoy objeto de grandes controversias, pero sea cual fuere su autoridad, no por eso viene a alterar, sino a apoyar que los límites de Honduras llegaban hasta el cabo de Gracias a Dios.

Falta que agregar a todo lo manifestado lo que se dice en las descripciones y mapas de las costas de Honduras hechos con carácter oficial de varios pilotos, en los que se verá desde luego que todos están contestes, en que las dichas costas de Honduras llegaban hasta el llamado cabo de Gracias a Dios, y que dicho punto era el límite de dicha provincia en el Océano Atlántico.

Sevilla: 11 de enero de 1890.

FRANCISCO J. DELGADO.

Es conforme con su original que se halla en el Archivo de mi cargo, de donde ha sido sacada fielmente esta copia en Tegucigalpa, a primero de noviembre de mil ochocientos noventa y ocho.

Archivo Nacional de Honduras. Tegucigalpa.

G. Guardiola,
Director del Archivo Nacional.

El infrascrito, secretario de Estado en el Despacho de Gobernación del Gobierno de Honduras, certifica:

Que es auténtica la firma que antecede del director del Archivo Nacional, que dice: "G. Guardiola".

Tegucigalpa, 3 de febrero de 1900.

República de Honduras. – Ministerio de Gobernación.

César Bonilla.

El infrascrito subsecretario de Estado en el Despacho de Relaciones Exteriores.

Certifica la autenticidad de la precedente firma del señor ministro de Gobernación, que dice: "César Bonilla".

Tegucigalpa, 5 de febrero de 1900.

República de Honduras. – Ministerio de Relaciones Exteriores.

Ricardo Pineda.

ÍNDICE